나를 버리는 연습

BOUJU SHIKKAKU
Copyright ⓒ 2010 Ryunosuke Koike.
Original Japanese edition published by HUSOSHA Publishing Inc.
Korean translation rights arranged with HUSOSHA Publishing Inc.
through Timo Associates Inc., Japan and PLS Agency, Korea.
Korean translation rights ⓒ 2012 by Book21 Publishing group, Korea.

이 책의 한국어판 출판권은 PLS Agency를 통해 HUSOSHA Publishing Inc.와 독점계약한 (주)북이십일에 있습니다. 저작권법에 의해 한국 내에서 보호를 받는 저작물이므로 무단전재와 무단복제를 금합니다.

코이케 스님, 20대 방황을 말하다

# 나를 버리는 연습

코이케 류노스케 지음 · 양영철 옮김

**21세기북스**

• 시작하며 •

곰곰이 생각해보니, 나는 외롭고 고통스러운 나머지 인생을 막무가내로 살아왔던 것 같다.

어릴 때는 담임선생님에게 못난 놈이라고 낙인이 찍혀있었다. 10대 시절에는 다자이 오사무에 심취해 겉으로는 사람들과 어울리며 사교적으로 굴곤 했지만, 속으로는 비뚤어진 생각을 고수한 채 주위 사람들을 냉소하는 왜곡된 사춘기를 보냈다. 그리고 그런 잘못된 습성은 10대 이후에도 변하지 않았다.

대학 시절에는 논리적인 말로 상대방을 궁지에 몰아넣는 것을 즐기며 비겁하게 살았다. 뿐만 아니라 결혼한 뒤에는 배우자에게 폭력을 휘두르기도 했고, 처음 만난 사람에게 시비를 걸면서 그들의 당황한 모습을 보며 즐거워했다.

쉽게 말해, 주변 사람들에게 아무런 죄책감 없이 폐를 끼치고 다녔던 나는 거의 모든 사람에게 환영받지 못하는 사람이었다.

하지만 실패한 인생이라도 자신의 내면을 성찰하고 스스로 변하고자 노력한다면 누구든 변화할 수 있다.

나는 망나니 같았던 나의 과거를 돌아보고, 그런 나를 변할 수 있게 만들어준 과정을 독자들에게 보여주고자 한다. 왜냐하면 '이런 못난 사람도 변할 수 있었는데, 나라고 변하지 못할 건 없다'는 용기를 사람들에게 주고 싶기 때문이다.

지금 나는 불교의 한 종파인 정토종의 승려다. 승려라고 해서 특별히 다른 삶을 사는 것은 아니다. 그저 종파와 상관없이 한 인간으로서 마음 가는 대로 편하게 살고자 하는 것뿐이다. 물론 생활의 기본은 명상과 수행에 있지만, 그 밖의 일상이나 여가 활동은 이 책을 읽는 독자들과 별반 다르지 않다.

현재는 쓰키요미 사月讀寺와 문화 센터에서 '좌선 강좌'라는 명상 수업을 하며 강연을 병행하고 있다. 하지만 불교라는 특정 종교를 전파하거나 신자를 늘리기 위한 목적은 없다. '좌선 명상'은 다른 종교나 사상을 가진 사람, 혹은 무신론자라도 누구든지 할 수 있다. 사람의 마음을 변화시킬 수 있는 보편적인 방법의 하나로 좌선 명상을 지도하고 있을 뿐이다.

그런 의미에서 나는 승려로서는 실격일지도 모른다. 좋은 스님이 아니라 그저 명상이나 즐기는 한 사람의 땡중에 지나지 않으니까.

어쨌든 지금부터 나는 외로움이라는 정신적 마약에 중독되었던 내 반생을 되짚어보고, 거기서 탈출할 수 있었던 방법을 가능한 한 냉정하게 분석해보려고 한다.

부디 독자들은 이 책을 읽어가면서 잠시 내 인생의 이야기 속으로 나와 동행해 주길 바란다.

시작하며 • 5

## 제1장 갈애渴愛와 만慢
### 번뇌하던 어린 영혼

부족함에서 시작되는 인생 • 14
뿌리 깊은 만慢의 번뇌 • 23
간절한 애정 중독 • 27
자기 현시욕이 강한 영혼 • 37
열등생이라는 낙인 • 41
나와 놀아줄래? • 46
외로움이라는 마음의 병 • 54
풍요 속 빈곤 • 58
착한 아이 연극 • 62
다자이 오사무에 심취했던 시절 • 67
독점욕이 남긴 상처 • 73
초식남의 왜곡된 욕망 • 77

# 제2장 분노와 질투
## 익살부리던 고교 시절

근본적인 번뇌의 에너지 • 82

분노×만 = 쿨한 나 • 87

동경, 질투, 혐오 • 91

잔뜩 삐뚤어진 개그맨 • 94

웃기는 놈의 비애 • 97

갑옷 속에 숨은 나 • 102

## 제3장 아집과 무지
### 광기로 가득 찬 대학 시절

종파 불교에 대한 환멸 · 106
나는 다르다는 착각 · 111
아집의 번뇌와 무지의 작용 · 117
무의식의 지혜 · 121
착각과 고통의 근원 · 124
욕망의 증폭 방법 · 127
삐뚤어진 사랑 · 132
여자 친구의 자살 미수 · 139
상처뿐인 결혼 생활 · 145
행복해질 수 없는 구조 · 153
현실도피, 기묘한 놀이 · 159
자극이라는 마약 · 164
웃음 중독의 의미 · 167
웃음의 악영향 · 170
나 자신에 대한 어필 · 173
통제불능의 나 · 175

# 제4장 자기 통제
## 수행으로 다시 태어난 나

좌선 명상과의 만남 · 182

가출카페의 모순 · 187

수행하자 사라진 나쁜 버릇들 · 194

무의식에 명령받다 · 198

광기에 대한 동경 · 201

변하고 싶다는 의지 · 205

본격적인 수행 생활 · 209

나와의 조우 · 214

새로 태어난 날 · 219

고독과의 화해 · 223

끝내며 · 229

**제1장**

# 갈애渴愛와 만慢

번뇌하던 어린 영혼

# 부족함에서
# 시작되는 인생

인생은 부족함과 외로움에서 시작된다.

　세상에 태어난 아기가 가장 처음 하는 말은 무엇일까? 그건 바로 '응애! 응애!'다. 아기는 태어나자마자 작은 입을 한껏 벌리고 온 힘을 쥐어짜며 울음을 터트린다.

　울음소리가 크면 클수록 사람들은 건강한 아기라고 기뻐하지만 만약 아기가 울지 않으면 혹시 어디가 아픈 것은 아닌지 걱정한다.

　아기에게 있어서 우는 것은 곧 일이다. 배가 고프면 우유를 달라고 울고, 똥을 싸면 닦아달라고 운다. 이처럼 아기는 하루

종일 무슨 일이 있을 때마다 울어 젖힌다.

아기는 혼자 걸을 수도 없고, 그렇다고 말을 할 수 있는 것도 아니기 때문에 스스로의 힘으로 무엇 하나 만족스럽게 달랠 수 있는 욕구가 없다. 그러니 엄마의 관심을 끌려면 열심히 울 수밖에. 즉, 무언가가 부족할 때마다 그것을 알아달라고 우는 것이다. '아직 많이 부족해요'라고.

갓 태어난 나 또한 스스로의 미래를 예견이라도 하듯 항상 굶주림과 목마름을 드러냈다. 나는 목이 막힐 만큼 모유를 한 번에 너무 많이 빨아 힘들어하면서도 그런 행동을 계속했다고 한다. 아기의 이런 행동은 살기 위해 필요한 영양을 얻으려는 생존 본능에서 비롯된다.

하지만 엄마는 나의 이런 행동 때문에 모유 수유에 스트레스를 받았고, 결국 모유 대신 분유를 타주게 되었다.

이것과 관계가 있을지는 모르지만 어린 시절 나는 항상 음료수를 한 번에 너무 많이 들이켠 탓에 목 안쪽이 욱신거려 아파하곤 했다.

이처럼 인생은 태어날 때부터 부족함에서 시작된다. 그리고 사람들은 부족함을 채우고 싶은 욕구에 휘둘리면서 살아간다.

불교에서는 '부족함으로 인해 어쩔 줄 모르는 모양'을 '갈애渴愛'라고 한다. 그것은 욕망에 사로잡혀 무언가를 갈구하고 원하는 마음의 상태를 말한다. 부족하기 때문에 괴로워하고, 괴로움에서 벗어나려고 무언가를 원한다. 이렇듯 부족함에서 비롯되는 고통이 욕망의 본질이다.

아기는 우는 것 외에는 다른 사람에게 도움을 구할 수 있는 방법이 없다. 그래서 어쩔 수 없이 운다고 치자. 그러나 성장해서 말을 배운 아이들조차도 자신이 원하는 대로 되지 않으면 부모 앞에서 다짜고짜 울음을 터트리기 일쑤다. 장난감이 갖고 싶거나 엄마와 떨어지기 싫을 때 주위는 아랑곳하지 않고 큰 소리로 울어 젖히는 것이다.

하지만 우는 행위에는 엄청난 고통과 괴로움이 따른다. 그 수고로움은 원하는 것을 얻을 때 느낄 수 있는 만족감과는 비교할 수 없을 정도로 고된 것이다. 그런데도 아이들은 욕구가 충족되었을 때 느낄 수 있는 작은 만족감 때문에 엄청난 고통을 감수하면서 끊임없이 울어댄다.

아이들의 이런 격렬함은 성인들에게서는 찾아보기 어렵다. 어른들은 자동차나 명품, 혹은 강한 애정을 원하는 상대로부터 충족받지 못해도 울지 않는다. 하지만 이것은 원하는 것을 얻지 못했을 때의 고통에 오랜 시간 동안 익숙해져서 그런 것뿐이다.

사실 어른들도 어렸을 때는 자주 이런 고통을 느껴봤을 것이다. 왜냐하면 부족과 고통이라는 결핍의 구멍은 영원히 메울 수 없기 때문이다. 이 구멍은 마치 블랙홀처럼 아무리 메워도 자꾸만 커진다. 하지만 우리는 이 구멍을 반드시 메울 수 있다고 믿기 때문에 얻은 것을 계속 그 구멍 속으로 내던진다.

그렇다면 왜 욕망의 결핍은 영원히 채워지지 않는 것일까? 그 이유는 사람의 마음이 항상 자극을 원하기 때문이다. 여기서의 자극은 아픔을 느끼는 신경 신호, 즉 고통을 말한다.

불교에는 일절개구一切皆苦라는 말이 있다. 세상을 형성하는 모든 것이 고통이라는 뜻이다. 하지만 인생에는 분명 기쁨이라는 것도 존재하기 때문에 이 말에 동의하지 못하는 사람도 있을 것이다.

이 일절개구를 다른 말로 표현하면, 우리가 신체적으로 느낄 수 있는 감각은 '고통'이라는 자극밖에 없다는 말이기도 하다.

고통에 대한 자극 정보가 뇌로 송신되면 뇌의 특정한 조건 하에서 '쾌감'이라는 신경 반응이 일어난다. 신체적으로는 아픔을 느끼지만 뇌 속에서는 본능적으로 쾌락의 신경 회로가 활발히 움직이는 것이다.

이런 상태를 더 쉽게 설명하면 다음과 같다.

쾌감이라는 것은 신체를 희생시켜 생겨난 고통에서부터 시작된다. 그러면 뇌는 그렇게 만들어진 고통의 정보를 '기분이 좋다'는 데이터로 변환해 사람으로 하여금 쾌감을 느끼도록 부추긴다.

쾌감이란 복잡하게 입력된 '고통'이라는 신경 정보를 뇌 속에서 재처리해 생성하는 감각이다. 몸 안에 들어온 자극이 클수록 신경이 더 크게 반응하므로 쾌락이라는 감각이 만들어지기가 쉬워진다.

예를 들어 배가 고픈 것은 고통의 신경 정보다. 배가 고픈 상태에서 음식을 먹으면 위와 장에 부담이 가므로 고통의 정보가 또다시 생겨난다. 하지만 '공복 상태→음식물 섭취'와 같이 고통에서 만족으로 정보가 변하면 큰 쾌감을 느끼게 된다.

다만 음식을 지나치게 섭취하면 그 정보 또한 넘치기 때문에 뇌는 더 이상 고통을 쾌감으로 전환시킬 수 없다. 이렇게 되면 배가 지나치게 부르다거나 배가 아프다는 고통을 다시 느끼고 만다.

하지만 배가 부르더라도 음식의 맛이나 종류가 달라지면 자극 정보에 차이가 생기므로 다시 흥분 상태에 빠진다. 흔히 디저트를 먹는 배는 따로 있다고 말하는데, 그것은 새로운 쾌락이 뇌에서 생성되기 때문에 가능한 말이다.

바꿔 말하면, 고통스럽지만 자극에 차이가 생기면 뇌가 쾌감을 다시 만들어내므로 현실을 파악하기가 어려워진다는 뜻이다.

또 다른 예를 들어보자. 다른 사람과 함께 있을 때 불편함을 느끼는 것은 고통의 정보에 속한다. 곤란함에 처한 이 사람의 희망은 상대에게서 떨어져 혼자 있는 것이다. 그 희망이 이루어져 상대와 떨어지면 '지금 나는 혼자니까 다른 사람 신경 쓰지 않고 편하게 있어도 돼'라는 정보로 전환된다.

이렇게 차이가 발생하면 뇌에서는 쾌감을 생성한다. 하지만 혼자 있다는 정보 자극이 반복적으로 입력되면 또다시 포화 상태가 되어 따분함과 외로움, 즉 고통을 느낀다. 그러면 다시 누군가를 만나고 싶어진다. 그 욕구에 충실하여 누군가를 만나면 혼자라는 고통에서 해방될 수 있으므로 뇌는 다시 쾌감을 만들어낸다. 하지만 다시 낯선 사람과 함께 있으면 이전의 불편함이 반복된다.

즉 우리의 뇌는 '고통A'가 '고통B'로 바뀌어 차이가 생길 때 즐거움이라는 환상을 만든다. 뇌가 이 차이를 처리하고 쾌감으로 인식하면 바로 '쾌감' 반응이 일어난다. 그러나 이런 현상은 그저 도파민이 대량으로 생성되어 심리적으로 흥분한 상태일 뿐이다. 신체적으로는 혈압이 올라가고 숨이 막히는 고통스러운 상태라고 할 수 있다. 간단히 말하면 쾌감이라는 것이 실재하는 것처럼 착각을 유도하는 것이다.

무언가 갖고 싶어 우는 동안엔 원하는 것을 얻지 못하므로 고통, 즉 강한 자극이 생성되지만 그것이 충족되면 당연히 자극도 사라진다. 이렇게 자극이 사라지면 뇌가 이 차이를 처리해 기분이 좋다고 인식하면서 도파민과 같이 쾌감을 일으키는 호르몬을 생성해낸다.

그렇지만 원하는 것을 얻고 나서 자극이 사라지면 우리의 마음은 또 다른 자극을 원하게 된다. 이미 느껴버린 자극은 쓸모가 없어지는데다, 신선한 자극이 없으면 쾌감을 생성하는 작업도 멈추기 때문이다.

부처는 쾌감의 본질이 '차이'에 있다는 것을 『마간디야의 경』에서 나병 환자의 에피소드를 통해 설명한다. 에피소드에서는 한 나환자가 피부가 너무 가려운 나머지 불에 달군 나뭇조각을 환부에 대고는 기분이 좋다고 말한다. 피부가 너무 가려웠기 때문에 가려움보다 더 강렬한, '뜨겁고 아픈' 자극을 주는 순간 가려움과 고통 사이에 큰 차이가 생겨 이를 쾌감으로 느끼는 착각을 일으킨 것이다.

이처럼 차이를 만들어냄으로써 쾌감을 느끼려는 행동은 우리의 일상생활에서도 쉽게 찾아볼 수 있다.

예를 들어 3일 후에 끝내야 할 일이 있다고 치자. 3일의 여유가 있지만, 첫날에 일찍 일을 끝내두었을 때보다 이틀 동안 여유를 부리다가 마지막 날에 간신히 끝내는 쪽이 쾌감이나 해방감이 더 클 것이다.

시간이 하루밖에 남지 않았다는 초조함과 신체의 피로에서 오는 고통의 크기, 그리고 일이 끝났을 때 밀려오는 쾌락 간에는 큰 차이가 발생하기 때문이다.

물론 이런 단순한 착각을 유발하기 위해 굳이 마지막 날 힘들게 일을 끝낼 필요는 없다고 생각할 수도 있다.

하지만 사람의 마음은 참으로 간사하다. 한 번 쾌감을 경험하고 나면 자신도 모르는 사이에 계속 그런 상태로 몰아간다. 그래서 발등에 불이 떨어져야만 일을 시작하는 것이다.

인간은 어릴 때부터 이런 행동을 계속 되풀이하곤 한다. 그래서 많은 사람이 이런 덫에 빠져 스트레스를 받아가며 마지막에 몰아치기로 일하는 습관을 들이게 되는 것이다.

# 뿌리 깊은
# 만慢의 번뇌

나의 어린 시절을 되돌아보면 '갖고 싶다-부족하다-갖고 싶다-부족하다'의 반복으로 '갈애'에 농락을 당했던 시간이 대부분이었던 것 같다.

사람의 삶 안에는 번뇌라고 부를 만한 것들이 많다. 그중에서도 가장 근본적인 번뇌라 할 수 있는 욕망, 분노, 우치愚癡를 삼독三毒이라 한다. 모든 번뇌가 이 삼독의 결합에서 발생한다고 봐도 좋다.

지금부터 이야기할 내 과거의 실수들도 이 삼독을 큰 기둥으로 설명할 수 있다.

삼독 중에서 가장 나를 괴롭힌 것은 욕망, 그중에서도 만(慢)의 번뇌였다. '만'이란 자신이 사람들에게 어떻게 비쳐지는지, 혹은 자신이 어떤 평가를 받고 있는지 항상 신경을 쓰는 나르시스트의 마음 상태를 가리킨다.

이런 상태에 있는 사람들은 칭찬을 받으면 금세 우쭐하고, 비난을 받으면 금방 우울해진다. 또 그런 자신을 한심하다고 여기면서 쉽게 실망하기도 한다. 나도 이런 자의식이 지나쳐 순식간에 기분이 좋아지거나 나빠지는 등 수없이 많은 감정의 롤러코스터를 타곤 했다.

인간이란 자신의 가치를 인정받기 위해 훌륭한 사람이라는 이미지를 만들고 싶어하는 동물이다. 그러나 이게 지나치면 스스로 남들보다 우월하다는 생각에 자존심을 세우기도 한다.

이러한 욕망은 사람들의 마음속에 매우 깊이 자리 잡고 있다. 사람들의 고민을 궁극적으로 잘 살펴보면, 거의 모든 고민이 바로 이런 '만'에 의해 생겨난다는 것을 알 수 있다.

예를 들어 연인이 바람을 피운다는 생각을 해보자. 마음속에서는 애정을 잃어버렸다는 것에 대한 슬픔과 배신에 대한 분노 등 여러 가지 감정들을 만들어낼 것이다. 하지만 그런 감정의 바닥에는 연인이 내가 아닌 다른 사람을 선택했다는 것, 즉 상대적으로 자신의 가치가 떨어졌다는 기분이 깔려 있다. 그리고 자신이 그 사람에 의해 대체될 수 있는 존재라는 것에 불쾌감을 느낄 것이다.

삶에서 겪을 수 있는 여러 가지 스트레스의 원인을 살펴보면, 위의 예처럼 '왜 나를 인정해주지 않는 거야? 내 가치가 그 정도밖에 안 된다고 생각하는 거야?'와 같은 '만'의 감정이 바탕에 있다.

결국 이러한 감정들은 어린아이가 자신의 존재를 인정받고자 목청껏 울어대는 것으로 부모나 주변 사람들에게 자신의 요구를 드러내는 것과 같다.

아기가 태어나서 가장 처음 접하는 상대는 아빠나 엄마일 것이다. 부모가 절대적인 지배자이기 때문에 아기는 부모를 통해서만 자신의 욕망을 해결할 수 있다. 그러나 다른 가족이나 친척, 혹은 친구나 학교 선생님과의 교류가 늘어나면서 욕망의 대상이 부모로부터 점점 멀어진다.

이 시기부터 아이는 부모가 아닌 다른 사람들에게 자신의 존재를 인정받으려 하고, 애정을 얻고 싶다고 생각하게 된다.

이 과정에서 어느 정도 만족감을 얻는 아이와 그렇지 못한 아이가 생긴다. 또한 만족을 얻지 못한 채 그냥 포기하는 아이가 있는가 하면, 불안해하는 아이, 더 나아가 강하게 애정을 원하는 아이도 있다. 이런 심리적 경험을 통해 얻어지는 결과가 사람들마다 다르므로 이로 인해 '만(나르시시즘)'의 차이가 생겨난다.

# 간절한 애정 중독

나의 어린 시절 이야기를 조금 해보려고 한다. 어린 시절 나는 항상 외롭고 힘들다면서 보채는 아이였다고 한다.

나는 한순간도 혼자 있는 것을 참지 못했다. 부모님은 이런 나약한 나를 바꿔보려고 어린이 수영 교실에 다니게 했다. 그곳에서 일어난 일들을 지금 돌이켜보면 참 가관이었다.

수영 선생님은 물을 무서워하는 아이들이 물과 친해지게 하려고 튜브를 주고 물에서 놀게 했다. 하지만 다른 아이들과 달리 나는 유독 어울리려고 하지 않고 그저 위쪽을 바라보며 울기만 했다.

내가 바라보던 2층에는 유리로 둘러싸인 보호자용 관람석이 있었는데, 엄마는 거기서 항상 웃으며 나에게 손을 흔들어주곤 했다. 나는 물놀이는 하지 않고 위를 향해 연신 손을 흔들면서 엄마에게 나를 두고 가지 말라며 울었다. 선생님은 "괜찮아. 엄마가 저기서 보고 계시니까 다른 애들과 함께 놀자"며 나를 진정시키려 했다. 하지만 나는 너무 불안해서 가만히 있을 수가 없었다. 위쪽을 주시하지 않고 잠깐이라도 한눈을 팔면, 그 사이에 엄마가 나를 버려두고 어디론가 가버릴 것 같다는 무서운 생각이 들어서였다.

지금은 엄마가 웃으며 손을 흔들고 있지만 눈을 뗐다가 다시 위를 쳐다봤을 때엔 엄마가 없어질까 봐 초조해했고 그런 생각을 하다 보면 가슴이 탁 막혀와 더 크게 울음을 터트렸다.

어린 나는 왜 엄마가 나에게 이런 가혹한 일을 시키는지, 혹시라도 나를 미워해서 이런 상황에 둔 것은 아닌지 알 수가 없어 그저 울어댈 수밖에 없었다.

그러면 엄마는 항상 "괜찮아. 절대 너를 버리고 가지 않을 거야. 여기서 기다릴 테니 걱정 마. 진짜야. 정말 약속한다니까"라며 나를 다독였다. 하지만 이런 상황이 매번 되풀이되자 부모님은 기가 찰 따름이었다. 그리고 몇 번이나 이런 행동을 반복한 후 나는 다니기 싫다고 울고불고 떼를 써서 결국 수영 교실을 그만두었다.

그 후에도 잠재의식에 어린 시절의 절망감이 남아 있는지 수영장이나 물만 떠올리면 소름이 돋아 꽤 오랫동안 수영을 꺼렸다.

이처럼 나는 부모님이 나를 항상 지켜보고 있는지 신경 쓰느라 다른 아이들이 평범하게 할 수 있는 것들을 잘할 수 없었다. 때문에 조금씩 열등감이 커졌다. 그러나 나는 이상하게도 열등감을 극복하려고 노력하는 대신 서툴고 못난 나의 모습에 오히려 안심했다.

수영을 잘하지는 못했지만 수영 교실을 그만둔 덕분에 부모님과 함께 있을 수 있었다. 수영을 잘하게 되면 부모님이 나를 더 이상 돌봐주지 않고 내버려둘지 몰라 두려웠던 것이다.

이후 부모님은 유치원에 들어간 나에게 음악을 가르치려고 오르간 교실에 보냈다. 여기서도 나는 빨리 레슨을 끝내고 집에 가고 싶은 마음뿐이었기 때문에 다른 아이들처럼 연습에 집중할 수가 없었다.

선생님에게 집에 빨리 보내달라고 조르기도 하고, 끝나려면 얼마나 더 있어야 하느냐며 선생님을 귀찮게 했으니 연습이 제대로 이루어질 리가 없었다. 그래서 나는 아무리 시간이 흘러도 기본적인 연습곡조차 제대로 연주할 수 없었다. 주제에 자존심은 있어서 건반을 잘못 누를 때마다 열등감을 느끼며 이러지도 저러지도 못한 적이 많았다.

결국 나는 건반을 난폭하게 두드리거나 울기를 반복하면서 부모님에게 수영 교실 때와 마찬가지로 그만두게 해달라고 떼를 썼다.

나는 마음속으로 내가 뭐든 잘하게 되어 부모님에게 버림받느니 서툴고 불쌍하게 보여서 보살핌을 받고 싶다는 생각을 했다. 이런 잠재의식 때문인지 그 어느 것에도 열중하고 싶은 마음이 들지 않았고, 열등감에 휩싸인 채로 오르간 교실을 그만두었다. 그만두기로 결정되었을 때는 지옥 같은 괴로움에서 잠시나마 구원을 받은 듯한 느낌마저 들었다.

나는 부모님이 내가 오르간을 잘 치지 못해도 곁에 있어주는 것이 정말 좋았다. 하지만 "금화로 된 비가 내려도 욕망을 충족시킬 수 없다"는 『법구경』의 말처럼, 욕망이 현실화되었을 때의 쾌감, 즉 대량으로 방출되는 도파민의 효과는 금세 사라지고, 또 다른 허전함과 외로움이 엄습해왔다.

한 번이라도 쾌감을 경험한 사람은 그 맛을 잊지 못하기 때문에 쾌감을 느끼지 못하는 상태가 되면 마음의 안정을 잃고 불안해한다.

'나를 더 많이 보살펴주지 않으면 불안해서 죽을 것 같다.'

'더 많은 애정을 받고 싶다.'

이렇게 자꾸 더 많이 원하기만 하는 '애정 중독자'가 되어갔다.

나에게는 이런 애정 중독과 관련한 창피한 일화가 굉장히 많다.

그건 내가 나 스스로를 '류 군'이라는 애칭으로 부르던 것부터 시작된다. '나는 배가 고파'가 아닌 "류 군은 배가 고파서 간식이 먹고 싶어"와 같이 나 자신을 '류 군'이라고 부르며 어리광을 피웠다.

이처럼 내가 자신을 '나' 혹은 '저'라는 인칭대명사를 사용하지 않고 이름, 그것도 애칭으로 부르는 것은 왜일까?

그건 다름 아닌, 귀여운 애칭을 자신에게 붙임으로써 '나를 상냥하고 소중하게 대해달라'는 속내를 드러내기 위해서이다.

자신을 애칭으로 부르면서 나약하고 보호받아야 할 존재라는 이미지를 만들어낸 것이다. 거기에는 사람들에게 사랑받고 주목받고 싶다는 '만'의 감정이 감춰져 있다고 볼 수 있다.

나는 엄마의 자전거 뒤 칸에 앉아 등 너머로 엄마에게 "류 군은……" 하며 말을 시작하곤 했다. 엄마가 "뭐?"라고 대답하면 나는 의미 없이 그저 중얼거리기만 했다. 그러면 엄마는 "시끄럽게 왜 자꾸 '류 군'만 반복하는 거야?"라며 짜증을 내서 풀이 죽은 적이 자주 있었다.

유치원에 들어가고 나서도 나는 한동안 스스로를 '류 군'이라고 부르곤 했다. 하지만 어느 날 또래보다 성장이 빨랐던 한 아이로부터 "넌 부끄럽지도 않아? 여자애처럼 자기 이름을 자기가 부르다니, 뭐야!"라는 핀잔을 들었다.

다른 사람에게 내가 어떻게 보이는지를 민감하게 여기던 나는 그 여자아이의 말에 창피함을 느끼고, 그 후에야 밖에서 '나'라는 인칭대명사를 쓰기 시작했다. 하지만 버릇을 쉽게 고치지 못해 가끔씩 '류 군은'이라는 말이 튀어나오면, 창피함 때문에 얼굴이 빨개져 곤욕을 치렀다.

그로부터 많은 시간이 흘러 선생님이나 친구 앞에서는 자연스럽게 '나'라고 말할 수 있게 되었지만, 부모님이나 친척 앞에서는 여전히 '류 군은'이라는 말이 먼저 튀어나왔다. 이는 초등학교 고학년이 되었을 때뿐만 아니라 사춘기 시절까지(나중에 언급하겠지만), 그리고 염세적 세계관에 빠져 있던 고교 때까지도 좀처럼 고쳐지지 않았다. 그래서 부모님은 물론이고 친척들에게도 농담거리가 되었다. 내가 중학교 때 숙부 한 분이 내가 고교생이 되어도 마찬가지일 거라는 데에 걸겠다며 우리 부모님에게 구체적인 액수까지 언급했던 일이 있었을 정도다.

고교 때부터 밖에서는 염세주의자처럼 행동해왔지만, 집에서는 반대로 자신을 '류 군'이라고 부르는 내 모습에 사실 나는 스스로 모순을 느끼고 있었다. 그래서 그 후로는 부모님 앞에서도 인칭대명사를 쓰려고 부단히 노력했다.

하지만 마음으로는 '나'라고 말하고 싶은데도 막상 말을 하려고 하면 마치 마법에라도 걸린 듯이 목과 혀가 경직되어 쉽게 말이 나오지 않았다. 그래서 '나'라는 말이 혀끝에서만 맴돌다가 결국은 다시 '류 군'으로 나오곤 했다. 하지만 그런 자신을 창피하고 한심하다고 느끼는 한편, 서툴고 못난 그 모습에 묘한 안도를 느끼기도 했다.

마치 '수영도 못하고 울기만 해도 부모님께 보호받을 수 있어서 안심이야', '오르간 교실을 혼자 잘 다니면 부모님은 나를 보살펴주지 않고 내버려둘지도 몰라'와 같이 어린 시절에 느끼던 감정과 비슷했다.

'사랑받고 싶어. 외로워. 날 내버려두지 마'로 표현할 수 있는 '만'이 마음속에 뿌리 깊이 똬리를 틀고 있어서, 아무리 시간이 흘러도 나는 스스로를 '나'라고 부를 수 없었다.

나는 고교 3학년이 되어서야 겨우 자신을 '류 군'이라고 부르는 습관에서 벗어날 수 있었다. 그만큼 사랑받고 싶다는 갈애와 만의 번뇌가 마음속 깊은 곳에서부터 나를 옭아매고 있었던 것이다.

그렇다고 해도 이렇게까지 불안해하고 외로워하는 애정 결핍 증상이 나타나는 데에는 어떤 계기가 있지 않았을까?

고교 시절부터 일곱 살 연상이던 아버지와 사귀던 어머니는 고교를 졸업함과 동시에 결혼한 뒤 곧바로 나를 낳으셨다. 꿈 많고 하고 싶은 것도 많던 어린 나이의 어머니에게 '한 아이의 엄마'가 된다는 것은 큰 짐이었다. 게다가 어머니는 만화가가 되기를 꿈꾸고 있었다. 그 때문에 방에는 항상 만화책이 가득 쌓여 있기도 했다.

이 책을 집필하면서 어머니에게 당시의 상황을 물어보았다. 부모님은 태어난 지 1년밖에 안 된 나를 집에 놔두고 둘이서 가끔 외출을 했다고 한다. 울며 보채는 나를 재운 다음 당시 두 사람이 흠뻑 빠져 있던 게임을 하기 위해 외출을 하곤 했던 것이다.

그리고 집에 돌아와, 너무 울어서 목이 다 쉬었는데도 계속 우는 나를 달래느라 무척 고생했다고 한다. 어느 때에는 부모님이 집을 비운 사이 점점 커지는 내 울음소리를 듣고 이웃 아주머니가 집에 들어와 나를 달래주기도 했단다. 어머니의 이야기를 들으며 나는 '혹시 이런 경험이 어렴풋이 기억 속에 남아 계속 영향을 미치는 것은 아닐까' 하는 생각도 해보았다.

최근에 아이들을 제대로 돌보지 않고 내버려두는 부모에 대한 보도를 종종 접할 수 있다. 어떻게 보면 그런 면에서 우리 부모님은 시대를 앞서가고 있었는지도 모른다.

나의 어린 시절 기억을 되살려보면, 부모님이 돌아오기를 기다리며 엉엉 울거나 칭얼거리는 모습만 생각난다. 이런 기억

속에는 버려질지도 모른다, 혹은 부모님이 나를 미워할지도 모른다는 망상이 뒤죽박죽 엉켜있는 듯하다.

하지만 당시에 부모님이 나를 버려뒀기 때문에 내가 이상해졌다는 단순한 결론을 내리고 싶은 생각은 없다.

나와 똑같은 상황이라도 그것을 받아들이고 더욱 강하게 자란 아이는 얼마든지 있기 때문이다. 나는 태어나면서부터 부족함을 안고 태어난 탓에 부모님의 그런 태도를 계기로 더욱 병적이고 나약한 인간이 되었을 뿐이다.

단지 부모님 때문에 이상해진 것이 아니라, 엄밀히 말하면 원래부터 나약한 내가 부모님의 태도에 좋지 않은 영향을 받았기 때문이라고 할 수 있다.

모든 것은 항상 자신의 마음에서 비롯되며 다른 사람, 그 사람이 설사 부모라 할지라도 어차피 간접적인 영향에 불과하다. 우리 한 사람 한 사람은 그렇게 모두가 철저히 고독한 존재인 것이다.

# 자기 현시욕이
# 강한 영혼

유년 시절의 이야기를 좀 더 해볼까 한다. 앞서 언급했듯이 나는 사람들에게 보살핌을 받고 인정받고 싶다는 마음이 상당히 강한 아이였다.

나는 사람들에게 칭찬을 받으려고 스티커를 잔뜩 모아 자랑하기도 했다. 물론 내가 부모님에게 스티커를 보여주면 부모 입장에서는 당연히 잘했다고 칭찬하기 마련이다. 하지만 예민했던 나는 그런 형식적인 칭찬을 달갑게 생각하지 않았다. 오히려 내 가치를 제대로 판단해주지 않는 것 같아 상처를 받기도 했다. 부모에게 보살핌을 받고 싶다는 감정은 모든 아이들이 갖고 있는 공통적인 감정, 즉 본능이라고 한다. 하지만 나는 그런 감정이 유독 강한 아이였다.

이웃 사람들이 찾아왔을 때 부모님이 나를 내버려둔 채 그들과 이야기를 나누고 있으면 부모님에게 무시당한 기분이 들어 금세 눈물이 고였다. 때문에 그럴 때면 일부러 소란을 피워 부모님의 관심을 끌려고 노력했다. 상황이 어찌 되건 내가 가장 우선이기만 하면 되었다. 100퍼센트 오직 나만을 바라봐주면 좋겠다고 생각했다.

한번은 이런 일이 있었다.

나는 어릴 때부터 나이 든 사람처럼 몸 여기저기가 자주 아프고 쉽게 피로를 느끼는 체질이었다. 그러다 아픈 곳을 주무르거나 두드려주면 피로가 풀려 기분이 좋아진다는 걸 알게 되었다. 그래서 부모님을 기분 좋게 해주려고 팔을 세게 주물러드리자 부모님은 오히려 아프다며 화를 냈다. 이때 꾸중을 듣고 멈추면 될 것을 '기분이 좋아져야 하는데 이상하네……'라고 생각하며 계속 주물렀다.

지금 생각해보면 부모님의 팔을 주물러 기분 좋게 해드리겠다는 표면적인 이유 외에, 무의식이 꾸중이라는 자극을 원하고 있었는지도 모른다. 그래서인지 그 후로도 나는 계속 부모님을 따라다니며 몸 여기저기를 주물러드리고 혼나는 행동을 반복했다.

'아프니까 그만 좀 해라!'라며 부모님이 화를 내면 그 꾸중이 나에 대한 관심 같아서 왠지 모르게 외로움이 일순간 사라지는 듯한 만족감을 느꼈다. 또 책을 읽고 계시던 아빠의 안경을 빼앗아 망가뜨린 적도 있었는데, 그때 역시 꾸중을 듣고 이상하게 안도하는 나 자신을 발견할 수 있었다.

나는 부모님 이외의 사람들에게도 언제나 주목받기를 원했다. 유치원 선생님에게도 잘한다는 칭찬을 받고 싶었지만 안타깝게도 나는 뛰어난 아이가 아니었기 때문에 그 희망이 이뤄지는 일은 없었다. 나는 어수선하고 산만하여 선생님들이 싫어하는 아이였다.

선생님의 주의를 끌려고 일부러 떠들기도 했지만, 마음속으로는 인정받고 싶다는 생각이 강해 항상 골치가 아팠다. 물론 얌전하고 온순한 아이였다면 선생님에게 귀여움을 받았겠지만, 나는 선생님을 힘들게 하는 아이였기 때문에 인정받을 수 있을 리가 없었다.

이런 행동은 초등학교에 들어가서도 바뀌지 않았다. 인정받고 싶다는 생각과는 달리 시종일관 소동을 부리고 사고만 쳤기 때문에, 선생님에게 나는 늘 속을 썩이는 문제 학생이었다.

# 열등생이라는 낙인

'만'이라는 번뇌를 통해 사람의 마음을 분석하다 보면, 아이들이 떠들고 말썽을 부릴 때는 그 나름의 이유가 있다는 것을 알 수 있다.

아이들의 세계에서는 크게 떠들고 뛰어놀며 눈에 띄는 행동을 하는 것이 주목을 받을 수 있는 가장 효과적인 수단이다. 다른 아이들의 시선을 끄는 정도에 따라 힘의 크기가 달라진다. 즉 시끄럽게 떠들고 목소리를 높여 특별한 존재로 인정을 받아야만 친구들 사이에서 중심에 설 수 있는 것이다. 이를 알기에 아이들이 그런 행동을 하는 것이라고 생각한다.

물론 당시에는 잘 알지 못했지만, 나중에 그런 행동들을 분석해보니 나 역시 전형적으로 그런 유형에 속한 아이였다는 것을 깨달을 수 있었다. 사리분별이 가능한 나이가 되면서부터는 항상 주목받고 싶었기 때문에 늘 문제를 일으키고 소란을 피웠다. 당연히 초등학교에 들어가서도 선생님께 인정을 받을 수 없었다.

지금도 기억에 깊이 남아 있는 것은 초등학교 3학년 시절의 가정방문 때의 일이다. 담임선생님이 집에 찾아와 부모님께 나에 대해 좋지 않은 이야기를 한 적이 있었다. 그 내용인즉, 우리 반에 지적 장애가 있는 한 친구가 있었는데, 내가 그 아이 다음으로 성적이 나쁜 구제불능이라는 것이었다. 거기에 한술 더 떠 내가 장래에 쓸모없는 사람이 될 것이라고 우리 부모님 앞에서 단언까지 했었다. 당연히 부모님도 화가 치밀어 결국 선생님과 언쟁을 벌이고 말았다. 하지만 어쨌든 나는 결과적으로 쓸모없는 사람이 되어버렸으니 어찌 보면 그 예언이 적중했다고 볼 수 있다.

나는 그 정도로 선생님께 인정받지 못하는 존재였다. 인정받고 싶었지만 인정받을 수 없는, 부정적인 낙인이 찍힌 아이였다. 좋게 말하면 천진난만하고 명랑한, 나쁘게 말하면 이기적이고 소란스러워서 남에게 폐만 끼치는 아이였다. 그 때문인지 인정받고자 노력은 해도 좀처럼 나아질 기미는 보이지 않았다.

물론 성인이면 자신의 목표를 위해 절제하고 사람들과의 관계에도 신경을 쓸 것이다. 사회는 자신의 주장만 내세우며 살아갈 수 없는 곳이니까. 어느 정도 타협해야만 인정받을 수 있다는 사실을 알아가는 것이 성인이 되는 과정이기도 한 것이다. 하지만 그것을 알지 못했던 나는 조금도 타협할 줄 모르고, 그저 있는 그대로의 나를 받아달라며 소란을 피우고 말썽만 부렸다. 당시의 나는 그저 '만' 덩어리에 불과했다.

수업 중에도 친구와 떠들고 장난을 치며 선생님의 질문에 엉뚱한 대답을 하는 등 수업을 방해했다. 이런 아이가 같은 반 친구라면 다른 아이들은 어떻게 생각할까?

어느 날 익명으로 반 친구 한 명 한 명에게 반 전체의 메시지를 전하는 이벤트가 열렸다. 내가 받은 메시지 중에는 '류노스케는 재미있는 이야기를 많이 해줘서 좋지만, 너무 시끄러워서 조금 조용히 해주면 좋겠다'는 메시지가 다섯 개 이상 있었다. 심지어 '시끄러워서 짜증나'라거나 '다른 사람 기분은 생각하지도 않고 큰 소리로 떠드는 것을 멈춰줬으면 좋겠다'는 메시지도 있었다.

시끄럽게 떠드는 행동이 다른 아이들을 즐겁게 해주고 아이들의 주목도 받을 수 있는 멋진 방법이라고 생각하던 나는 그 메시지를 읽고 큰 충격을 받았다. 내 생각과 달리 실제로는 반 아이들이 나를 싫어한다고 생각하니 돌로 한 방 얻어맞은 것 같은 기분이 들었다.

그 일이 있고 한참 후의 일이다. 새 학기가 시작되기 전 '이번 학기의 포부'에 관해 써오라는 작문 숙제가 있었는데 나는 다음과 같이 썼다.

"이번 학기의 제 포부는 수업 중에 떠들지 않고 다른 사람들을 방해하지 않는 것입니다. 하지만 저는 이 포부를 잘 지키지 못할 것 같다는 생각이 듭니다. 지금까지 몇 번이나, 앞으로 선생님 말씀을 잘 듣고 나쁜 짓을 하지 않겠다고 다짐했지만 항상 약속을 지키지 못했으니까요. 하지만 가능한 한 지키려고 노력할 것입니다."

내가 쓴 글을 본 선생님은 포기하지 않고 끝까지 노력하는 것이 무엇보다 중요하다고 말씀해주셨다.

이 글을 보면 어릴 때부터 나는 정체를 알 수 없는 광기에 휩싸여 나 스스로를 주체하지 못했다는 걸 알 수 있을 것이다.

말썽을 부려서 꾸중을 듣는 것은 솔직히 기분 좋은 일이라고 할 수 없다. 그래서 착하게 지내고 싶었지만 오랫동안 몸에 밴 행동을 쉽게 멈출 수 없었다. 머리로는 멈추려고 해도 내심 너무나 외로웠기 때문에 그만둘 수 없었다. 시간이 지날수록 그 뿌리 깊게 박힌 '만'이 나를 더 고통스럽게 했다.

# 나와
# 놀아줄래?

친구 관계도 마찬가지였다.

누구나 그렇듯 나 역시 초등학교 때는 이성보다 동성 친구와 노는 것을 더 좋아해, 마치 사귀기라도 하는 것처럼 항상 같이 있으려고 했다. 항상 친구를 옆에 두지 않으면 성에 차지 않았다. 이는 상대가 어떻게 생각하는지 전혀 상관하지 않는 일방적인 행동이다. 친구의 의견은 무시한 채 오로지 자기 생각만 강요하는 행위인 것이다.

나도 상당히 좋아하던 친구가 하나 있었다. 그 아이는 보드게임을 하거나 새로운 물놀이를 고안하는 등, 놀이를 만들어내는 데 천부적인 재능이 있었다. 그래서 반 아이들에게 무척 인기가 많았다.

나 역시 그 아이와 함께 놀고 싶었기 때문에 매일 자리로 찾아가 "오늘 나랑 놀 수 있어?"라고 물어봤다. 혹시라도 거절당할까봐 두려워 같이 놀자는 말 대신 "놀 수 있어?"라고 물어볼 수밖에 없었다. 그래서 "오늘은 안 될 것 같아" 혹은 "다른 애들이랑 다 같이 놀자"는 대답을 들으면 상당히 기분이 좋지 않았다.

물론 그 아이는 그저 나를 많은 친구 중 하나로 생각하고 있을 뿐이었다. 하지만 나는 그 친구가 100퍼센트 마음에 들었기 때문에 매일 같이 있고 싶었다. 그러나 그 친구는 나에게 60퍼센트 정도밖에 신경을 써주지 않는 듯했다. 친구니까 함께 놀아주기는 했지만 그 아이에게 내가 특별하지 않다는 사실이 나는 매우 슬펐다.

항상 내가 먼저 그 아이에게 놀자고 말을 걸었기 때문에 가끔 그 아이가 먼저 나에게 놀자는 말을 해주면 정말 기뻤다. 하지만 반대로 제안했다가 거절당하면 무척 시무룩해졌다. 심지어 그 아이가 나 아닌 다른 아이와 놀고 있기라도 하면 엄청난 충격을 받기도 했다.

나도 여러 친구들 중 하나인 것처럼 60퍼센트 정도만 그 친구에게 신경을 썼더라면 아마 그렇게 큰 충격을 받진 않았을 것이다. 하지만 당시의 나는 도저히 그럴 수가 없었다.

당시의 교우 관계를 되짚어보면 나는 마음속으로 친구에게 혹시라도 외면당하지 않을까 하는 불안을 항상 갖고 있었던 것 같다. 친구들과 사이가 좋을 때에도 지금은 친하게 지내지만 갑자기 어떤 일을 계기로 나와 멀어지지는 않을까 하는 초조함이 머릿속을 떠나질 않았다. 그때는 그런 불안을 자각하지는 못했기 때문에 저도 모르는 사이 친구들에게 과도한 집착을 보였던 것이다.

어느 날 가족들과 함께 식사를 하는 중에 친구가 놀러 온 적이 있었다. 나는 내가 제일 좋아하는 음식을 먹고 있어도 계기만 생기면 식사를 멈추고 친구와 노는 것을 우선했다. 허둥지둥 음식을 먹어 치우는 나를 보며 부모님은 "그렇게 서둘지 말고 다 먹을 때까지 친구한테 방에서 기다리라고 해라"라고 하셨다. 하지만 나는 친구를 단 1분도 기다리게 하고 싶지 않았다.

또 친구가 두 명 이상 놀러 오면 나를 빼고 둘이서만 재미있게 놀지도 모른다는 망상에 사로잡혀 불안해했다. 그래서 친구가 오면 항상 밥을 먹다가도 뛰쳐나갔기 때문에 엄마를 화나게 만들기 일쑤였다. 나는 그때마다 "친구가 좋은 걸 어떡해!"라고 되레 큰 소리로 대꾸하곤 했다.

초등학교 6학년 때는 한 친구가 나에게 이렇게 지적했다.

"너는 내가 하는 말마다 맞장구를 쳐주는 것 같아. 다른 애들이라면 그냥 무시하고 지나갈 일도 맞장구를 쳐주니까 놀라워"라고 한 것이다.

실제로 나는 친구들이 하는 말을 열심히 귀담아 들었고 마치 서비스를 하는 것처럼 그 이야기에 호응해주며 친해지려고 했다. 친구들이 하는 말은 단 하나도 놓치지 않기 위해 노력했고, 친구가 단지 한숨을 내쉬기만 해도 무슨 일이 있었느냐며 반응을 보였기 때문에, 대부분의 친구들은 아마도 내가 짜증나고 부담스러웠을 것이다.

이렇게 필사적으로 서비스를 하다 보면 그 행동을 하는 나 자신도 괴로울 때가 많았다. 하지만 그러는 동안에는 스스로를 '친구를 아끼는 좋은 사람'이라고 생각할 수 있었기 때문에 도저히 멈출 수가 없었다.

하지만 지금 생각해보면 그런 행위 속에는 친구를 소중히 여긴다는 표면적인 이유뿐 아니라 다른 사람들이 나를 좋아해주면 좋겠다는 '갈애'도 감춰져 있었던 것 같다. 때문에 그때를 떠올릴 때마다 솔직히 말해 즐겁기보다는 괴로웠다.

친구와 즐겁게 놀고 온 날 저녁에는 눈을 감고 '다케와 나는 가장 친한 친구야. 우리 둘의 우정 점수는 100포인트 상승했어'라며 망상에 빠지곤 했다. 하지만 이런 쾌감은 일시적인 것으로, 다음 날이 되면 상상 속의 '우정'은 이미 빛바랜 것이 돼버리곤 했다.

항상 같은 수준의 쾌감을 느낄 수 없기 때문에 금세 외로움은 다시 찾아왔다. 그 때문에 친구에게 전화를 거는 일이 매일 반복되었다. 그러다가 친구의 부모님이나 친구로부터 공부할 거니까 놀 수 없다거나, 매일 나랑만 노는 것은 지겹다는 대답을 듣기도 했다. 물론 당연한 결과였지만 친구와 놀지 못하는 날이면 나는 마치 실연을 당한 사람처럼 풀이 죽어서 하루 종일 아무것도 할 수 없었다.

그러던 어느 날, 전화로는 거절을 당했지만 혹시 직접 집에 가면 놀아주지 않을까 하는 생각에 친구 집에 찾아간 적도 있었다. 자전거를 타고 친구 집을 약속 없이 가서 초인종을 눌렀는데 분위기가 이상했다.

창문 너머, 친구들 몇 명이 모여있는 듯했던 것이다. 내가 "나 왔는데 들어가도 될까?"라고 말하자마자 안에서 아무도 없다며 "돌아가!"라는 대답이 돌아왔다. 알고 보니 그 아이들은 그날 우연히 찾아온 나에게 그냥 장난을 친 것뿐이었다.

하지만 평소에도 버림받을까 두려워하던 소년에게 그날의 충격은 너무도 큰 것이었다. 금세 눈물범벅이 된 나는 죽고 싶다고 혼자 중얼거리면서 터덜터덜 자전거를 끌고 집으로 돌아왔다.

이처럼 상대가 나를 봐주지 않으면 불안해서 더 상대에게 다가갔지만, 그런 행동이 오히려 상대를 더욱 짜증 나게 만드는 악순환이 계속되었다.

하지만 더 심각한 문제는 상대의 관심을 끄는 일만이 아니었다. 인기 있는 TV 게임기를 사자 친구들이 게임을 하러 우리 집에 자주 놀러 오게 되었다. 나는 '드래곤 퀘스트3'가 발매되는 날 바로 구입했는데, 당시 그 게임을 갖고 있던 아이들이 많지 않아 많은 아이들이 우리 집에 놀러오곤 했다.

친구들이 서로 번갈아가며 게임을 하는 동안 나는 그들이 게임을 하는 것을 보고만 있어도 흥분되고 즐거웠다. 하지만 우리 집에 놀러 오는 아이들이 늘어나서 기쁜 한편, 그 사이에도 외로움이 또다시 잠재의식 속을 살며시 파고들어와 나를 괴롭혔다.

아이들은 TV 게임기 때문에 우리 집에 온 것일 뿐 TV 게임기가 없다면 우리 집에 오지 않았을 것이다. 그리고 아이들이 좋아하는 건 내가 아니라 게임기라는 사실을 이미 무의식적으로 느끼고 있었다.

인기 있는 게임이나 장난감 총처럼 친구들의 흥미를 끌 수 있는 것을 갖고 있어야만 친구를 부를 수 있었던 것이다. 그런 것이 없으면 나는 친구들과 놀 수 없다는 불안 때문인지 뭔가 불만족스럽다는 느낌이 마음속을 파고들었다.

이 모든 것은 결국 존재감의 문제에 지나지 않는다. 내가 얼마나 다른 사람에게 인정을 받을 수 있는지, 다른 사람이 원하는 만큼 가치가 있는 존재인지에 관한 문제인 것이다. 나는 부모님이나 선생님에게 인정받고 싶은 것처럼 친구들에게도 인정을 받고 싶어했다. 내가 친구에게 100퍼센트 신경을 쓰면 그들도 나에게 100퍼센트 신경을 써주어야 했다.

이것이 바로 '만'의 전형적인 모습이다.

# 외로움이라는
# 마음의 병

나는 스물한 살 때 야마구치로 이사를 가기 전까지 오사카에서 살았다.

아버지는 야마구치에서 절의 주지가 되기 전에는 오사카의 중학교 선생님이었다. 요즘에는 보기 드문 열정적인 교사였지만, 화가 나면 누구도 말리지 못하는 무서운 사람이기도 했다. 그리고 상대가 누구든지 신경 쓰지 않고 체벌을 가하는 아주 엄한 선생님이었다. 허약한 체질이었던 나를 목욕탕으로 끌고 가서 냉수를 끼얹은 적도 있었으니 그 성품을 가히 짐작할 만하지 않을까.

나는 극도로 외로움을 많이 타는 소년이었다. 아버지는 그런 내가 걱정되어 나를 강하게 키우려고 여러 가지로 애를 쓰곤 했다.

"약하면 안 돼! 강해져야 해!"라며 냉수를 끼얹었을 때, 내가 힘들었던 건 단지 물이 차갑기 때문만은 아니었다. 사실 아버지가 나약한 나를 좋아하지 않는다는 생각이 들어서 더 외롭고 힘들었다.

이것 말고도 떠오르는 일들이 많다. 앞서 설명했듯이 어린 시절 나는 좋아하는 친구에게 매일 전화를 걸어 놀자고 졸랐는데, 그때마다 아버지는 항상 나를 꾸짖으셨다. 친구가 내 부탁을 거절할지 몰라 자신감 없는 작은 소리로 어렵사리 부탁하는 모습을 보았기 때문이었다. 옆에서 말을 듣고 있던 아버지는 소심하게 우물쭈물하는 나를 질책했다. 물론 나도 아버지의 조언처럼 당당하게 말하고 싶었지만, 막상 전화를 걸고 나면 어느새 기어들어가는 목소리로 횡설수설하기 바빴다.

아버지는 나에게 왜 말 한 마디도 똑바로 못하느냐며 꾸짖었다. 하지만 나는 자신감이 없고 말하는 게 서툴러도 괜찮다, 그래도 나를 사랑한다는 말이 듣고 싶을 뿐이었다.

그렇기 때문에 나는 부모님의 말 한마디 한마디를 곱씹으며 '나는 쓸모없는 사람이야. 사랑받고 싶어. 너무 외로워'라고 계속 생각한 것이다.

또 나는 학교에 갈 때면 "다녀오겠습니다"라는 말을 마치 의식이라도 치르듯이 몇 번이고 반복해서 부모님을 피곤하게 했다.

먼저 거실을 나오며 "다녀오겠습니다", "그래, 잘 다녀오너라"라는 대화를 주고받는다. 그리고 현관에서 신발을 신으며 다시 "다녀오겠습니다"라고 거실까지 다 들리게 큰 소리로 말한다. 대답이 없으면 다시 한 번 "다녀오겠습니다"라고 소리를 지른다. 그러면 "알았다고, 알았어. 잘 들려. 그럼 잘 다녀오너라"라는 말을 또 한 번 듣고 나서야 집을 나섰다. 그러고는 현관문을 열면서 다시 "다녀오겠습니다"라고 말한다. 적을 땐 세 번, 많을 땐 열 번 정도를 말하고 나서야 밖으로 나올 수 있었다.

내가 이렇게 "다녀오겠습니다"라는 말을 연발하자 부모님은 "그렇게 여러 번 말하지 않아도 된다니까. 하하하"라며 나를 놀리면서 웃곤 하셨다. 하지만 말로 설명할 수 없는 불안감에 휩싸여 있던 나는 잘 다녀오라는 말을 들어도 만족할 수가 없었다. 몇 번이고 반복해서 확인을 해도, 왠지 모르게 상대방에게 무시를 당하고 있는 것은 아닌지 하는 걱정이 머릿속에서 떠나지 않았다.

그리고 나를 무시하는지 아닌지에 대해 과도하게 집착하는 이런 행동들이 나중에는 부모님이 아닌 다른 사람들에게까지 이어져 주변 사람들을 난처하게 만들고 상처를 주었다.

이 모든 게 바로 '외로움'이라는 정체를 알 수 없는 마음의 병 때문이었다.

# 풍요 속 빈곤

아버지는 엄격한 분이었지만 내가 울어버리면 곧잘 당황했다. 생각해보면 아버지는 대체적으로 나의 응석을 잘 받아주었던 것 같다.

보기엔 부족함 없이 자라왔기 때문에, 외로워하고 사랑받고 싶어하는 나를 보며 사람들은 제멋대로라고 생각했다. 그리고 이것이 번뇌의 진짜 뿌리라고 할 수 있다.

경제 사정이 좋지 않아 의식주가 만족스럽지 않을 경우 가장 큰 고민은 돈일 것이다. 따라서 그런 상황에서는 마음속의 고민이나 감정 따위를 생각할 여유가 없다.

실제로 전쟁 중에는 부모의 애정이나 자신의 정체성과 같은 사치스러운 문제 때문에 고민하는 사람은 거의 없다. 전쟁이 끝난 후에도 대부분의 사람들은 그런 마음의 문제보다는 빈곤 상태에서 벗어날 수 있도록 정부가 어떻게 도와줄 것인지에 관심을 갖는다. 그래서 전쟁이 끝난 후 생계를 위해 모두가 열심히 노력한 덕분에 고도성장을 이룰 수 있었다.

현재 일본에 경제 사정이나 노후 복지에 관한 불안감이 전혀 없다고 할 수는 없지만, 실제 생활에서 큰 문제를 느낄 정도는 아니다. 그렇기 때문에 자아에 관해 고민하는 사람들이 많이 늘어난 것이다.

경제가 성장하고 나라가 잘 살게 되어도 사람의 고민이 없어지지 않는 것은 명백한 사실이다. 나라가 발전 중일 때는 불행한 이유가 경제적인 문제 때문이라고 생각하기 쉽다. 그리고 풍족해지면 고민이 해결될 것이라고 착각한다.

하지만 사실 큰 발전을 이루어도 고민이 완벽하게 해결되는 건 아니다. 경제적으로는 풍족해져도 애정 문제나 정체성에 관한 문제들까지 모두 해결되지는 않기 때문이다.

앞서 설명했지만 '부족하다―갖고 싶다―부족하다―갖고 싶다'는 감정이 무한대로 이어지기 때문에 문제는 끊임없이 반복된다.

이렇게 풍요 속에서 부족을 느끼는 것이야말로 불교의 출발점이라고 말할 수 있다.

부처는 석가모니 가문의 왕자로, 슈도다나 왕과 왕비 마야 부인 사이에서 태어났다. 부처의 집안은 큰 부자였기 때문에 그는 여러 가지 의미에서 만족스러운 환경에서 자랐다. 하지만 모든 것이 충족되었음에도 불구하고 부처는 항상 공허함을 느꼈다.

대부분 종교의 창시자는 가난한 출신 배경 때문에 르상티망 ressentiment(철학에서 말하는 원한·증오·질투 등의 감정이 반복되고 마음속에 쌓인 상태)에서 깨달음을 얻기 시작하는 경우가 많다. 하지만 부처의 경우는 달랐다.

기독교에서는 천국이라는 이상적인 장소에 가면 모든 것이 충족된다고 말한다. 하지만 부처는 우리가 말하는 천국 같은 곳에서 살면서도 공허함을 느꼈다. 이 공허함을 해결하기 위해서는 마음 자체를 바꿀 수밖에 없었다. 부처는 그렇게 하지 않으면 해결할 길이 없다고 생각했다. 이것이 불교의 시작이다.

무언가를 바라게 되면, 그것이 원하는 만큼 충족되어도 결국 사람은 '부족하다-갖고 싶다-부족하다-갖고 싶다'의 반복에서 벗어날 수 없다.

고대 인도는 마가다 왕국, 코사라 왕국과 같은 큰 나라들이 생겨남과 동시에 화폐 경제가 발달했다. 따라서 이런 윤택한 환경에서 불교가 시작되었다는 것은 매우 상징적인 일이라고 할 수 있다.

# 착한 아이 연극

부모의 사랑을 받고 있다 해도, 아이의 갈애가 너무나도 강하면 왜곡된 심리 상태를 만들어낼 수 있다.

내 주위에도 부모와의 어그러진 관계 때문에 성인이 되어 우울증을 앓게 된 친구가 있다. 그 친구는 나와 달리 어릴 때부터 공부를 잘해 칭찬을 받던 뛰어난 학생이었다.

공부를 잘해서 칭찬을 듣자, 그 아이는 자기 자신 자체만으로는 인정받지 못했다며 상심했다. 부모님이야 당연히 애정을 갖고 칭찬을 해주었지만, 그 아이는 자신이 아닌, 공부를 잘하는 그 자체만 칭찬을 받은 것일 뿐이라고 생각했다.

그 친구는 공부를 잘하든 못하든, 좋건 나쁘건, 있는 그대로의 자신을 인정해주길 바랐던 것이다. 이것이 이 책에서 처음에 언급한 아이들의 '만'이다.

하지만 이것은 어느 순간부터 서서히 형태를 바꾸기 시작했다. 있는 그대로의 자신은 인정받지 못해도 공부를 잘하면 인정받을 수 있기 때문에 칭찬을 받으려고 더욱 열심히 공부에만 매달린다. 더불어 청소도 잘하고 인사도 잘하는 '착한 아이'인 척 연기를 하면 사람들에게 인정받을 수 있다고 생각한다.

쉽게 말해 분위기를 파악하고 그 상황의 요구에 맞게 연기를 하려 한다는 뜻이다.

실제로는 즐겁지 않아도 즐거운 척 연기를 하면 친구들과 잘 지낼 수 있었고, 다른 사람들의 이야기를 듣고 싶지 않더라도 잘 들어주는 척 연기를 하면 좋은 사람이라는 평가를 받을 수 있었다.

이런 것은 사회에서 당연하게 여겨지는 일들이다. 그리고 이를 위한 수단은 어릴 때부터 익히게 되는데, 특히 아이는 부모와의 관계에서 역할 놀이를 하듯 연기를 배우기 시작한다.

칭찬으로 아이들을 성장시키는 교육법이 있다. 공부를 잘하고 성적이 좋을 때 칭찬을 한다는 것은, 바꿔 말하면 성적이 좋아야만 칭찬을 하겠다(대신 성적이 나쁘면 가만두지 않겠다)는 의미가 바탕에 깔린 것이다. 성적이 좋지 않으면 아이들은 사랑받을 수 없는 존재가 되어버린다.

그렇기 때문에 내 친구는 '우등생'이라는 캐릭터를 계속해서 연기해야 했다. 그러면서 점점 자신은 공부를 좋아한다고 착각하게 되었다. 우등생인 척 연기를 하는 자신을 실제의 자신이라고 착각하고 만 것이다.

아이들은 어리기 때문에 넓은 시야로 자기 자신을 바라볼 수 없다. 그래서 자신이 어떤 캐릭터를 어떻게 연기하고 있는지조차 알지 못한다. 사실 처음부터 공부를 좋아하는 아이는 없다. 아이는 단지 부모님께 칭찬을 받고 인정을 받고 싶은 것뿐이다. 하지만 칭찬이라는 보상을 받을 수 있기 때문에 착각하기도 더욱 쉬워진다.

그 친구는 부모의 기대에 부응하려고 열심히 공부해서 일류대에 입학했지만 거기서 결국 우울증이 발병하고 말았다. 어느 날 그가 나에게 부모님 때문에 자신이 이렇게 된 것이라고 슬쩍 속마음을 내비친 적이 있었다. 부모가 좋은 대학에 가라고 해서 여기까지 왔지만, 사실 자신은 다른 것을 하고 싶었다고.

그래서 나는 친구와 그의 어머니가 이야기를 나눌 수 있도록 자리를 마련했고, 셋이 함께 이야기를 나누던 중 의외의 사실을 발견하게 되었다.

실제로 그의 어머니는 좋은 대학에 가야 한다는 말을 단 한 번도 한 적이 없다고 했다. 공부를 잘하니까 칭찬을 한 적은 있었지만 더 열심히 하라거나 어떻게 하라고 한 적은 없었다는 것이다.

내 친구는 부모님이 그것을 원한다고 혼자 단정해버린 뒤 그동안 계속 혼자 압박감을 느껴왔다. 칭찬을 받기 위해 우등생 캐릭터를 연기했던 것은 결국 부모님의 왜곡된 캐릭터를 만들어내면서 생긴 착각에서 비롯된 것이다. 부모님께 인정받고 싶다는 과도한 욕구는 이렇게 실존하지 않는 캐릭터와 환상을 끌어낸다.

사회에서도 한 사람이 무언가를 추구할 때 그 이유를 잘 살펴보면, 단지 사람들에게 인기를 얻을 수 있기 때문에, 혹은 선망의 대상이 될 수 있기 때문이라는 것을 잘 알 수 있다.

어린 시절 부모님께 칭찬을 받고 싶다는 강렬한 욕구가 충족되지 않은 만큼 다른 사람에게 인정받고 싶다는 기분이 커지는 것인지도 모른다.

어느 쪽이 되었든 어린아이는 정신적으로 미숙한 부분이 많아서 그것이 환영에 불과하다는 것을 깨닫지 못한다. 이 때문에 내 친구처럼 착각에 빠지기 쉽다. 아이들은 물론이고 다 큰 성인들조차도 자신이 만들어낸 환영을 깨닫지 못하는 경우가 많다.

아이는 부모라는 관객을 위해 '착한 아이'를 계속 연기함으로써 칭찬을 받고 안심하는 것이다. 그리고 현재보다 인정받기 위해 더 열심히 해야 한다는 착각에 빠진다. 하지만 얄궂게도 어느 순간 자신이 스스로 행동하는 것이 아니라, 무언가에 의해 지배를 받고 있으며, 실은 전혀 사랑받고 있지 않다는 감정에 사로잡히게 된다. 결국 연기하는 캐릭터가 인정받는 것이지 자기 자신은 전혀 인정받지 못한다는 것을 알게 되어 부모를 원망하게 되는 것이다.

이처럼 사랑을 받으려고 필사적으로 상대방의 요구에 맞추기만 하다 보면 언젠가는 반드시 상처를 입고 실망하게 된다.

# 다자이 오사무에
# 심취했던 시절


우울증을 앓았던 친구와 달리 열등생이었던 나의 어린 시절은 어땠을까?

유형은 달랐지만 나의 경우 역시 아무리 원해도 사람들에게 인정을 받지 못했기 때문에 나름대로 고통이 컸다. 원하는 것을 얻지 못해 힘들어했고, 그 고통이 너무 컸던 나머지 나도 모르게 마음속에서 그 고통을 합리화시키려는 프로그램을 작동시키기 시작했다.

그리고 그동안 원해왔던 것들을 더 이상 원하지 않겠다는 결심을 굳히며 자신을 궁지로 몰아넣었다. 애초에 원하지 않았기 때문에 아무것도 얻지 못해도 상관없다는 태도를 취하게 된 것이다.

부모님의 사랑도, 선생님의 칭찬도, 친구도 원하지 않게 되니 더 이상 고민할 필요도 없었다. 대신 그 이후로 우울증을 앓은 친구와 달리 염세적인 캐릭터를 연기하기 시작한 것이다.

계기는 6학년 때 전학을 가서 겪은 일들 때문이었다.

오사카에 살 때는 간사이關西 지방 특유의 정열적인 기질과 문화가 몸에 배어 있었다. 그래서 항상 친구들과 뒤엉켜 다투는 등 상당히 격한 몸짓으로 우정을 표현하는 것을 당연하게 여겼다.

그런데 전학을 간 야마구치의 초등학교에서는 그런 방법이 전혀 통하지 않았다. 내 나름대로 우정을 표현한 것이지만, 친구들은 나를 이상한 아이로 취급할 뿐이었다. 이로 인해 성격이 급격히 내성적으로 변하기 시작하면서 나는 혼자 조용히 책을 읽는 아이로 바뀌어갔다.

처음에는 친구들에게 인정받지 못해 고통스러웠지만, 점차 아무래도 괜찮다는 생각을 하게 된 것이다. 더 나아가 나중에는 오히려 그런 것에 연연해하지 않는 편이 훨씬 멋지다고 생각하게 되었다.

처음에는 반 친구들과 조금씩 거리를 두면서 스스로 대단한 척을 해댔다. 그러다가 언제부턴가는 무리에서 완전히 떨어져 아웃사이더가 되길 자처했다. 오랜 시간 동안 원하던 것을 얻지 못해 상처받는 일이 되풀이되자, 나는 큰 절망을 느꼈다. 이것이 전학을 계기로 그 존재감을 드러내면서 방관적인 태도를 취하게 된 것이다.

물론 사람들에게 인정을 받으려고 꾸준히 노력을 하기는 했다. 원하지 않는다고 아무리 자기 주문을 걸어도 인정받고 싶다는 욕구가 마음속에 여전히 똬리를 틀고 남아 있었기 때문이다.

단, 그때까지도 자신을 솔직히 드러내 보이는 것은 역효과만 낼 것이라고 생각했다. 이 때문에 성격은 조금씩 더 소극적으로 변해갔다.

친구들 여럿이 모여 수다를 떨 때는 서로가 경쟁하듯 자신의 화젯거리로 시선을 얻으려고 한다. 나 역시 그때까지만 하더라도 다른 아이들이 무슨 얘기를 하든 내가 하고 싶은 말만 하는 아이였다. 하지만 내가 말하는 것을 다른 아이들이 싫어할지 모른다는 생각을 하게 되자 점차 친구들과 함께 있는 것이 즐겁지 않게 느껴졌다.

이는 오랫동안 친구들에게 거부당하면서 내 나름대로 학습한 결과이기도 하다. 그런 부정적인 경험들이 나를 더 고통스럽게 했기 때문에, 어차피 내가 원하는 대로 되지 않을 거라면 더 이상 원할 필요도 없다는 결론을 내리게 된 것 같다.

결정적인 계기는 중학교 1학년 때였다. 다자이 오사무의 『인간 실격』이라는 소설을 읽고 '바로 이거야!'라는 생각이 들었다.

그 책을 읽고 크게 감동한 나는 인간의 진실이 이 소설에 그려져 있다고 생각했다. 지금 와서 생각하면 그것은 단지 나의 괴로웠던 마음을 합리화하는 데 딱 맞아떨어지는 자아상을 소설에서 찾아낸 것에 지나지 않았지만 말이다.

소설 『인간 실격』의 주인공인 '요조'의 사고방식은 다음과 같다.

'다른 누구와도 마음이 통하지 않는 나는 쓸모없는 존재다. 이 세상에 태어나서 죄송하다. 하지만 내가 누구와도 마음이 통하지 않는 것은 내가 너무 순수하기 때문이며, 사실 쓸모없는 사람이야말로 더러운 세상과 통하지 않는 순수함의 증거이

자 훌륭한 일이다. 나는 가장 쓸모없는 존재이므로 가장 훌륭하다.'

나는 소설 속 주인공처럼 '나는 특별한 존재며 세상과 융합될 수 없는 인간'이라는 자의식을 그대로 자신에게 투영시켰다. 그리고 이렇게 하면 타인에게 인정받지 못해도 마음이 한결 더 편해질 것 같았다.

나는 다자이 오사무를 통해 '원래 나는 그런 사람이니까 사람들에게 인정받는 것 따위는 필요 없어'라는 정체성을 손쉽게 받아들였다. 이 '나는 가장 쓸모없는 인간이며 실격한 존재다. 이 세상에 태어나서 죄송합니다'라는 발상이 '나는 가장 특별한 인간이다'라는 오만함으로 이어진 것이다.

사람들은 모르는 사이에 '만'의 번뇌에 휘둘려 자신을 타인과 다른 특별한 존재, 즉 다른 사람들보다 뛰어난 엘리트라고 생각하고 싶어 한다. 하지만 나처럼 열등감으로 똘똘 뭉쳐진 사람은 나 혼자만이 세상에서 가장 쓸모없는 존재라는 차별화를 통해 일종의 엘리트 의식을 느낄 수 있게 된다.

말하자면 네거티브 엘리트라고 할 수 있을 것이다.

이렇게 다자이 오사무의 소설 속 주인공처럼 생각하면 더 상처받을 일도 없을 것이라는 결론에 도달했다. 사실은 그런 발상 자체가 나에겐 상처였지만, 스스로 받아들인 이 새로운 상처가 지금까지 누적된 깊은 상처로부터 나를 지켜주는 갑옷과도 같은 역할을 했다.

'세상에 적응하지 못한 인간이라는 껍질 속에 숨어 부모나 선생님, 친구들의 평가에서 벗어나 살고 싶었던 것이다. 일반 사람들이 하는 평범한 고민에 비해 나의 고통은 세상에서 나 혼자만 갖고 있는 유일하고 숭고한, 누구와도 공유할 수 없는 고뇌였다. 이를 다자이 오사무가 알아주었다고 생각했던 것이다.

# 독점욕이 남긴 상처

이렇게 왜곡된 심리 상태를 갖게 된 결정적인 계기는 또 있었다.

친해지고 싶은 친구가 한 명 더 있었다. 그 아이 역시 나처럼 꽤나 반항적인 학생이었다. 퉁명스러운 말투는 물론이고 선생님이 하는 말조차 듣지 않았으니까. 당연히 숙제도 해오지 않았다. 수업을 빠지기도 하고 친구와 싸우다 폭력을 휘두르기도 했다.

하지만 불량 학생들처럼 무리지어 몰려다니지는 않았다. 한 마리 늑대와도 같은 그 모습이 근사해보여 나는 그를 동경하게 되었다.

나는 그 친구와 친해지고 싶어서 주변을 뱅글뱅글 맴돌았다. 그러자 어김없이 어린 시절부터 갖고 있던 독점욕이 여기서도 발휘되었다.

나는 누군가를 좋아하게 되면 그 이외의 사람은 아무도 눈에 들어오지 않을 정도로 한 사람에게만 집중하는 성격이었다. 야마구치에서 이사를 온 후 친구가 없었던 나는 매일 그 친구만 찾아댔다.

당시 학급 문집에 넣기 위한 작문 숙제가 있었다. 하지만 그 아이는 평소처럼 숙제를 하지 않아 선생님께 혼이 났다. 선생님은 "아무 쓸 얘기가 없으면 류노스케 이야기라도 쓰면 되지 않아? 지금까지 싸움만 하고 다녀서 친구도 없을 텐데 처음으로 류노스케가 친구가 되어주었으니까 말이야. 그 점에 대해서 이야기를 써봐라"라고 하셨을 때 옆에서 그 이야기를 듣고 있던 나는 창피하긴 했지만, 정말 기뻤다. 그러면서 한편으로는 그 아이가 나를 친구가 아니라고 부정이라도 할까 마음을 졸였다. 그래서 그 아이가 알았다며 고개를 끄덕이는 모습을 본 순간에야 비로소 나는 안심할 수 있었다. 나를 친구라고 인정해준 것이 행복했다. 그리고 나중에 그 아이가 제출한 작문에는 실제로 내 이야기가 쓰여 있었는데, 나는 그 글을 몇 번이나 읽으며 기쁨을 만끽했다. 하지만 여태까지 그래왔듯이 행복은 그리 오래가지 않았다.

그 아이와 놀 때 나는 조금 거칠게 스킨십을 하곤 했다. 이런 난폭한 스킨십은 이전부터 내 몸에 배어 있던 일종의 커뮤니케이션 방법이었는데, 너무 집요하게 신체 접촉을 한 탓인지 그 아이가 나에게 호모라는 별명을 붙여버렸다.

그 아이는 독점욕이 강한 나를 약간 귀찮다고 생각한 듯하다. 하지만 아이들 사이에서 별명은 쉽게 퍼지기 마련이다. 결국 반 친구 모두가 나를 '호모'라고 부르기 시작하고, 심지어 여자아이들과 다른 반 아이들까지 호모라고 놀리게 되자, 나는 다시 마음의 상처를 입게 되었다.

무엇보다 내가 힘들었던 점은 내가 좋아하는 친구에게 호모라는 낙인이 찍힌 것이었다. 나는 내가 상대방을 생각하는 만큼 상대방도 나를 소중히 여겨주길 바랐다. 아닌 척 연기를 하고 있었지만 속으로는 항상 그렇게 생각하고 있었기 때문에 상처는 더 클 수밖에 없었다.

초등학교 때는 내가 생각하는 만큼 친구가 나를 생각해주지 않으면 외롭다고 느꼈다. 하지만 이런 식의 거부는 생전 처음이었기에 이것이 나로 하여금 더욱 더 다자이 오사무에 빠지게 만들었다.

이 무렵 나는 마음을 닫고, 더 이상 상처받지 않기 위해 다시는 동성 친구에게 그런 식으로 접근하지 않기로 결심했다. 어차피 난 실격 인간이니까 아무도 나를 좋아해주지 않아도 괜찮다는 삐뚤어진 가치관을 더욱더 공고히 하게 된 것이다.

그리고 이런 폐쇄적인 태도는 이성에게 애정을 요구하기 전까지 변하지 않았다.

# 초식남의
# 왜곡된 욕망

나는 다자이 오사무에 빠져 스스로를 아무와도 통할 수 없는 네거티브 엘리트라고 생각하면서 훌륭한 척 연기를 했다. 그러면서 원하는 것을 모두 얻을 수는 없다는 사실, 그리고 모두에게 인정받을 수 없다는 사실과 타협했다.

아마도 나와 비슷한 이유로 소극적인 성격을 형성하게 된 사람들이 있을 것이다. 원해도 가질 수 없는 현실과 실패하는 상황을 과하게 두려워해서, 애당초 원하려고 하지도 않는 소극적인 성격으로 바뀐 것이다.

최근에서는 '초식남'이라고 불리는 남자들이 증가하고 있다.

이런 부류들은 실패하고 좌절하는 것은 자존심이 상하는 일이라고 생각한다. 그리고 실패를 두려워한다. 여기서도 우리는 복잡한 '만'의 번뇌가 크게 관련되어 있다는 사실을 알 수 있다.

여자와 사귀기 싫은 것이 아니라 차이면 자존심이 상할까 봐 차라리 사귀지 않으려는 것이다. 아무것도 원하지 않고 가만히 있는 상태에서 상대방이 자신을 원하게 되면 노력할 필요도 없고 자존심 상할 일도 없다. 즉 별 어려움 없이 자신의 가치를 인정받게 되는 것이다.

이는 부정적인 상황은 무조건 피하고, 긍정적인 가능성만을 남긴 채 살아가려는 것과 같다. 상처받는 것이 두려워서 아무것도 원하지 않는 무기력함을 '내가 먼저 원하기보다 남들이 나를 원하는 존재가 되겠다'고 생각하며 바라지 않는 척 연기를 하는 것이다.

이렇게 사랑을 받고자 하는 욕망은 여자들의 전유물이었다. 이는 자신을 귀엽고 보호받을 만한 가치가 있는 존재라고 생각하는 자의식과 밀접한 관련이 있다.

최근 들어 그런 여자들처럼 수동적인 자세를 취하는 남자들이 늘고 있다. 상처받은 자의식이 사랑받고 보호받고 싶다는

'만'을 무의식 속에서 기르고 있는 것이다.

나 또한 그런 가치관에 물들게 되었다. 그 당시 내가 고르는 옷이나 잡화는 여성스러운 것들이 많아서 여자애 같다는 놀림을 자주 받곤 했다.

곰곰이 생각해보면 사랑스럽고 귀여운 것들을 좋아하는 데에는 이유가 있다. '이렇게 귀여운 것들을 좋아하는 나는 귀여운 사람이야. 보호받을 존재야'라는 메시지를 포함하고 있는 것이다.

이렇게 여성스러운 물품을 좋아하는 '여자 같은 남자들'이 늘고 있는 이유는, 강인함을 잃어버린 외로운 남자들이 늘어났기 때문이라고 받아들이고 싶다. 그것도 아닌 척 속내를 숨긴 채 왜곡된 욕망을 키우면서…….

초식남처럼 수동적인 타입은 욕망이나 번뇌가 적을 것이라고 생각하기 쉬운데, 실제로는 자신의 '만'을 교묘히 숨기고 있을 뿐이다. 자신이 아닌 캐릭터를 연기한다는 점에서는 우등생이었던 내 친구와 나도 그들과 다르다고 할 수 없을 것이다.

하지만 타인의 호감을 사기 위해 가공의 캐릭터를 연기하면서 특정 인물과 깊은 관계가 되면, 진정한 자신을 드러내 보이고 싶은 충동이 강하게 일어난다.

   친구나 애인에게 처음에는 상대방이 좋아할 만한 캐릭터를 연기하지만, 상대방과 관계가 깊어지면 그것만으로는 만족할 수 없게 된다. 그리고 더 친해지면 상대방을 시험하듯 조금씩 자신의 진짜 감정을 드러내 보이며 그래도 자신을 좋아하는지 확인하고 싶어진다.

**제2장**

# 분노와 질투

익살부리던 고교 시절

# 근본적인
# 번뇌의 에너지

앞서 언급한 것처럼 불교에서는 욕망, 분노, 우치를 삼독이라고 하며 근본적인 번뇌로 본다. 이는 여러 번뇌가 삼독으로 인해 발생하기 때문인데, 쉽게 이해할 수 있도록 이 세 가지의 특징을 이야기해보려고 한다.

삼독 중에서도 가장 기본이 되는 것이 우치다. 우치를 '불평을 털어놓는다'는 의미로 생각하는 사람도 더러 있지만 우치는 그런 의미가 아니다.

우치愚癡란 글자 그대로 어리석고 얼빠진 사람, 즉 무지한 사람을 말한다. 여기서 말하는 무지란 세상 물정에 어둡거나 공부를 못한다는 뜻이 아니다. 감각이 둔해 세상을 올바르게 바라보지 못하거나 마음의 변화를 읽어내지 못한다는 의미이다.

인간은 항상 머릿속에서 무언가를 계속 생각하면서 살아가는 동물이다. 사물을 논리적으로만 생각하는 것이 아니라 멍하니 있을 때조차도 '오늘 너무 힘들었어', '오늘 저녁은 뭐로 할까?', '영화가 보고 싶다', 혹은 '나는 쓸데없는 것을 생각하는 것 같아. 이러면 안 되는데……'라는 식의 온갖 잡념을 머릿속에 떠올리고 있다.

특별한 이유도 없이 계속 생각하는 것이다. 마음속에 이런 여러 가지 상념의 조각들이 산재해 있으면 사람의 감각은 둔해진다.

이런 '무지'로 인해 현실 세계와 동떨어진 망상을 하게 되어 유연한 사고를 하지 못하는 것이 바로 우치다. 즉 눈앞에 있는 상황을 제대로 파악하지 못하고, 공상에 잠기거나 쓸데없는 망상에 빠지는 것을 말한다.

원래 번뇌라는 것은 '번(번거로움)'과 '뇌(고민)'가 합쳐진 말로, 우리의 몸과 마음에 해로운 독소와 같은 것이다. 그 독소가 생성되는 곳이 바로 우리의 머릿속이다.

우리는 온갖 번뇌를 현실로 받아들이지만, 그것은 뇌가 만들어낸 환상에 불과하다. 외부에서 들어온 정보를 왜곡해 자기 마음대로 뇌 속에서 부풀려서 스스로를 헷갈리고 걱정하게 만드는 것이다.

이렇게 마음이 현실과 동떨어진 채 환상 속을 떠돌면 생활에 지장이 생기기 시작한다. 지금 자신이 해야 할 일, 눈앞에 닥친 일에 대해 의욕과 집중력이 떨어지고 효율이 떨어져 쓸데없이 시간을 낭비하게 되기 때문에 일에 대한 만족은 떨어진다.

또한 시각, 청각 등의 오감이 둔해져서 자신이 지금 어디에 서있는지 인지하는 신체 감각조차 마비되어 자유로운 컨트롤이 어려워진다. 예를 들어 생각에 잠긴 채로 걷기 시작하면 점점 걸음걸이가 이상해진다. 그 걸음걸이가 버릇이 되면 몸에 부담을 줄 뿐만 아니라 보기에도 흉한 걸음걸이가 된다. 마음과 신체 감각이 조화를 이루지 못하고 제각각이기 때문에 스트레스가 많이 생겨나는 것이다.

자신의 마음을 제대로 파악하지 못하는 것이 바로 우치이며, 인간의 근본적인 번뇌라고 할 수 있다. 그리고 이렇게 머릿속에서 빙빙 도는 에너지가 강하게 작용하면, 삼독 중 나머지 둘에 해당하는 욕망과 분노를 증폭시킨다.

우치가 머릿속을 맴도는 '회전'의 에너지라고 하면, 욕망은 쾌감을 주는 것을 끌어당기려는 '인력'의 에너지이며, 분노는 불쾌한 대상을 억누르고 배척하려 하는 '반발'의 에너지라고 할 수 있다.

욕망은 원하는 것을 얻기 전에는 '갖고 싶다', 그리고 얻은 후에는 '부족하다'는 생각을 반복하게 만들어 마치 끊임없이 마약을 탐닉하는 것과 같은 갈증을 유발한다. 즉 도파민이라는 뇌 속의 마약에, 쾌감에 점점 중독되어가는 것이다.

욕망은 모든 것을 갖고 싶어하는 '탐욕', 자신이 최고라고 생각하는 '허세', 혹은 내가 어린 시절 느꼈던 '나는 굉장해. 사람들에게 인정받고 싶어'라고 생각하는 '만' 등 여러 가지의 번뇌로 발전할 수 있다.

분노는 무언가에 대해 반발하고 혐오하는 감정으로, 평소 울컥 화가 치미는 감정뿐 아니라 좀 더 넓은 의미로 해석할 수 있다.

질투, 슬픔, 불안, 긴장, 후회 등 부정적인 사고들은 모두 무언가를 싫어하고, 거기에 반발하는 에너지라고 할 수 있다. 이를 통칭해서 '분노'라고 한다.

뇌의 신경 회로를 예로 들어 살펴보자. 생존에 부정적인 정보가 들어오면 몸이 위기를 감지하고, 노르아드레날린 회로를 활성화시켜 기분을 매우 불쾌한 상태로 만드는 것을 분노라고 할 수 있다. 불쾌함이 감지되면 사람의 뇌는 눈앞에 있는 사건이나 사람들에게 혐오감을 느끼게끔 만들고, 거기서 벗어나라고 명령한다.

뇌 속을 떠도는 회전 에너지가 정반대의 방향을 가진 인력 에너지와 반발 에너지의 연료가 되어 계속 몸과 마음속에서 독소를 배출해낸다. 모든 번뇌는 이런 식으로 해서 생겨난다. 즉 뇌 속에서 정처 없이 떠도는 무언가를 끌어당기려고 노력하기도 하고 싫다고 뿌리치기도 하는 것이다. 번뇌를 만드는 에너지는 이 세 가지다.

# 분노 × 만
# = 쿨한 나

중학교 시절 다자이 오사무에 푹 빠져 있던 나는 내 마음속을 점령하고 있던 '만'과 타협점을 찾으려고 염세주의자인 양 연기하는 것에 집착하곤 했다.

다른 사람에게 인정받고 싶다는 마음은 너무도 강렬한데 그에 반해 실상은 그렇지 않아 자괴감이 컸다. 그래서 다른 사람에게 인정받기 위해 눈치 보는 행동을 하는 건 치사하고 꼴사나우니까 아예 그런 행동을 하지 말자고 머릿속에서 정보를 조작한 것이다.

이렇게 인정받지 못해도 좋다고 거짓 연기를 하면서, 속된 말로 쿨하게 사는 걸 선택한 것이다. 말하자면 '만'의 번뇌에 공격적인 '분노'의 번뇌가 합쳐진 것이다.

반대로 '만'의 번뇌에 '욕망'의 인력 에너지가 더해질 경우는 사람들에게 인정받고 싶다는 감정이 강렬해진다. 그래서 착한 아이를, 또는 모범생을 연기하게 되는데 이로 인해 학급 위원과 같은 기질이 형성된다.

앞서 언급한 내 친구도 이런 이유에서 부모님의 기대에 부응하려고 우등생이 되었다. 하지만 스트레스가 심해져서 결국 우울증에 걸리게 된 것이다.

이처럼 '만'과 어떤 번뇌가 만나느냐에 따라 겉으로 나타나는 결과는 정반대다. 하지만 양쪽 모두 '만'이 바탕에 깔렸다는 점은 부정할 수 없다. 드러나는 모습은 달라도 타인에게 인정받아 자신의 가치를 높이고 싶어 한다는 점은 거의 똑같다고 할 수 있다. 즉 착한 아이인 척하는 것과 삐뚤어진 행동을 하는 것은 동전의 양면과 같다.

중학교 시절 나는 항상 불안해하고 작은 일에도 화를 잘 냈다. 종종 두통이나 위통이 있다고 거짓말을 하기도 했다.

아버지에 대한 나의 반발도 상당했다.

어느 날 불안해하는 나를 걱정하던 아버지는 "너에게 이 말을 해야 할지 모르겠구나. 말 안 하는 게 나을 것 같기도 하지만, 그래도 말해보려고 한다"라며 어렵게 말씀을 꺼내셨다.

아버지는 자신의 말 때문에 내가 상처를 받을까봐 걱정됐는지, 부드러운 말투로 내게 말을 건넸다. 하지만 나는 그런 아버지의 마음을 헤아리지 못하고 "말 안 하는 게 나을 것 같으면 안 하면 되잖아요!"라고 퉁명하게 받아쳤다.

아버지는 진정으로 나에게 상처를 주고 싶지 않아서 그렇게 말했던 것이었다. 하지만 나는 아버지가 다정한 아버지인 양 연기하는 것처럼 보여서 오히려 더 분노했다.

내심 한편으로는 아버지가 나를 이해해줄 거라고 생각하면서도, 막상 나를 이해하고 있다는 듯한 태도를 보이면 반발심이 생겨서 일부러 강하게 화를 낸 것이다.

아버지는 "너는 다른 사람의 기분을 헤아리지 못하는 것 같구나"라고 말씀하셨다. 그리고 "너는 다른 사람의 기분을 생각하지 않고 말해서 사람들에게 상처를 주고 있다. 그런 행동은 좋지 못한 행동이니 고쳐라"라고 차분하게 설명하셨다. 하지만 논리적으로 압박하는 듯한 느낌이 들었던 나는 다시 격분하며 "무슨 말인지는 알지만 나는 못 고쳐요. 정말 그만두길 원한다면 내가 진심으로 그만두고 싶어지게 말하란 말이에요! 그런 식으로 말하면 오히려 그럴 마음이 싹 달아나니까요!"라며 소리를 질렀다.

당시 나는 위선에 대해 매우 과민한 반응을 보이곤 했다. 상대에게 조언하는 듯한 말투 자체를 나는 위선으로 생각했던 것이다. 남을 위하는 척하지만 결국은 자신을 위해서 또는 이해심이 많은 아버지처럼 보이고 싶으니까 그런 식으로 충고하는 것이라고 생각했다.

아버지는 정말 나를 생각해서 그런 것인데, 당시 내 안에 있던 너무 강렬한 '갈애' 때문에 나는 그런 아버지의 의중을 헤아리지 못했다.

나는 이유도 없이 그저 허전했다. 그래서 온전히 나만을 생각해주지 않는 것처럼 느껴지거나, 조금이라도 상대방의 말에서 위선이 느껴지면 참지 못하고 화를 냈던 것이다.

# 동경, 질투, 혐오

다자이 오사무에 푹 빠져 있던 중학교 시절의 나는 그대로의 나 자신을 사람들이 인정해주지 않으면 분노를 느꼈다. 그런 스스로를 특별하게 여겼던 나는 소설 속 주인공처럼 세상을 비웃으며 염세적인 캐릭터를 연기하기 시작했다.

그 캐릭터는 사람들에게 인정받지 못해도 신경을 쓰지 않는 아웃사이더 같은 캐릭터였다. 나는 연기에 너무 몰입한 나머지 작은 일에도 금방 화를 내게 되었다. 그리고 불량 학생이나 껄렁껄렁한 아이들을 동경하게 되었다.

나는 평범한 사람들은 알 수 없는 숭고한 고민을 가진 인간,

주위 사람들과 어울리려 하지 않는 아웃사이더, 다시 말해 사회 부적응자라고 생각했다. 그리고 이런 자신을 매우 특별한 존재로 생각하기 시작하면서 자연스럽게 그런 생각에 빠져들었다.

하지만 불량 학생들과 어울리고 싶다고 해서 그들에게 다가가지는 않았다. 그저 마음속으로 그들과 어울렸으면 하고 생각할 뿐이었다. 나는 그들과는 별개로 내 나름대로 아웃사이더 행세를 하며 불량한 학교생활을 했다. 수업 중에 장기를 둔다거나, 종이비행기를 접어 날린다거나, 화장실 문을 발로 차서 부숴버린다거나, 책상에 잔뜩 낙서를 해두는 등의 행동을 서슴지 않았다.

'나는 공부를 안 해도 성적이 좋으니까 놀면서 선생님 말을 무시해야지. 재미있겠지?'라며 마음속으로 항상 반항했다. 그리고 선생님이 질책하면 중학생 나름의 논리로 반박하기도 했다.

그래서인지 중학교 2학년이 되었을 때는 교실에서 문제가 일어날 때마다 내가 한 일이 아닌데도 선생님은 내가 한 짓인 줄 알고 나를 째려보곤 했다.

내가 하는 반항은 폭력을 사용하지 않는 평화로운 반항이었지만, 주변의 불량 아이들은 나를 꽤 성가신 존재로 생각했다.

규칙을 어겨도 되는 것은 자신들뿐이라고 생각하던 특별함이 나로 인해 위협을 받고 있었기 때문이다. 그래서 나를 내버려둘 수 없었던 모양이다.

어느 날 싸움을 잘하기로 악명 높은 불량 학생이 본때를 보여 주겠다며 나에게 폭력을 휘두르고는 돈을 갈취했다.

맞는 것이 두렵기는 했지만, 나는 그것보다도 작은 폭력에 겁을 먹고 순순히 돈을 내주는 나 자신의 한심함에 화가 나 눈물을 흘렸다. 그리고 마음속으로 그들은 집단이 아니면 아무것도 하지 못하는 하찮은 녀석들이라고 깔보며, 나약하고 한심한 나 자신을 달랬다.

나는 이렇게 부모님과 선생님에게 반항하는 모습을 보이는 한편, 집에서는 애교를 떨며 나를 '류 군'이라고 불렀다. 그러니 얼마나 한심하고 나약한 아웃사이더였는지 충분히 짐작할 수 있을 것이다.

# 잔뜩 삐뚤어진 개그맨

아닌 척 연기를 했지만 나의 존재 가치를 높이고 싶다는 욕망은 항상 내 가슴속에 있었다. 그러나 뜻대로 되지 않았기 때문에 내 안에는 점점 분노가 쌓여만 갔다.

고교에 들어가서 얼마 되지 않아 나는 아웃사이더에서 개그맨으로 캐릭터를 바꾸기 시작했다. 지금은 수행을 통해 이전과 비교하면 훨씬 나아졌지만, 원래 나는 멍청이라고 불릴 만큼 얼간이였다. 그런데 언제부터인가 그냥 별생각 없이 말을 해도 사람들이 재미있어하는 것을 보고는, 나에게 사람들을 웃길 수 있는 재능이 있다는 것을 알게 되었다. 그리고 이 점을 이용하면 주위로부터 인기를 끌 수 있겠다고 생각했다.

그 후 나는 오로지 사람들을 어떻게 하면 웃길 수 있을지만을 고민하게 되었다. 그러고는 사람들이 언제 웃는지 포인트를 포착해서 그 패턴을 반복하기 시작했다.

고교 때의 이 개그맨 같은 캐릭터를 통해 나는 내 연기의 클라이맥스를 경험할 수 있었다. 하지만 이 캐릭터를 곰곰이 생각해보니 결국 『인간 실격』 속에 나오는 주인공과 똑같다는 것을 깨달을 수 있었다.

익살을 잘 부리고 사람들을 웃기지만 사실은 사람들과 어울리는 것이 괴롭고, 마음속은 삐뚤어질 대로 삐뚤어진 생각으로 가득 차 있었던 것이다. 인기를 끌기 위해 사람들을 웃기려 하는 것도, 사람들에게 간파당해 충격을 받는 것도 소설 속 주인공과 똑같았다.

처음에는 원래의 엉뚱한 성격으로 사람들을 웃게 만들다가, 나중에는 아예 학급의 오락부장 같은 역할까지 맡게 되었다. 그 역할이 몸에 익을 무렵에는 자연스럽게 사람들을 웃기는 것이 아니라 인위적으로 웃기려고 노력을 하게 되었다. 그리고 노력한 만큼 사람들이 웃지 않으면 충격을 받아 죽고 싶다고 생각할 만큼 힘들어했다.

　나는 『인간 실격』의 주인공처럼 반 친구들을 즐겁게 만들어 주었지만 그들과 인간적으로 친해질 수는 없었다. 나와 친해지기 위해 친구가 다가와도 어떻게 해야 할지를 몰랐다. 그래서 그들을 웃기기는 하지만, 그들과는 벽을 쌓고 지낼 수밖에 없었다.

　나의 팬이라고 하는 한 여자아이와 친구가 된 적이 있었는데 그것도 잘 되지 않았다. 계속 개그맨처럼 사람들을 웃겨야 한다는 강박관념 때문에 횡설수설하기만 할 뿐, 그 애와 말 한마디 제대로 못했기 때문이다.

　학급에서 혼자 30명을 상대로 개그를 펼칠 때는 이것이 일종의 '연기'라고 생각했다. 때문에 내가 계획한 패턴대로 연기만 하면 되었다. 하지만 1 대 1의 상황이나 적은 숫자의 사람들과 놀 때는 어떻게 행동해야 할지를 알 수 없었다.

　나를 재미있는 사람이라고 생각해 친해지려고 했던 친구도 막상 나의 부정적이고 어색한 부분을 보면 그 차이를 느끼고 실망할 때가 많았다. 그러니 친구 관계로 이어지는 일은 거의 불가능에 가까운 일이었다.

# 웃기는 놈의
# 비애

 사실 나는 친구가 없다는 생각 때문에 외롭고 힘들었다. 나를 친구로 대해준 사람도 있기는 했지만, 솔직히 나 스스로 친구라고 확신할 수 있는 사람은 없었다.
 그러자 사람들이 나를 친구가 아닌 단지 개그맨처럼 웃기는 사람이라고만 생각할지도 모른다는 불안이 엄습해왔다. 이런 불신 때문에 반 친구들과 쉽게 어울릴 수가 없었다. 때문에 나는 마음을 갑옷으로 꽁꽁 둘러싼 채 마음을 열지 못하는 사람이 되고 말았다.
 이렇게 반 친구들과 어울리지 못했지만, 그렇다고 해서 어른들과 어울릴 수 있었던 것도 아니다. 속으로는 나를 진심으로 알아주는 사람이 아무도 없는 것 같아 심한 고독감을 느꼈다. 그러나 그것을 누구에게도 솔직하게 말할 수가 없어서 혼자 괴로워했다.

아아, 나는 이렇게 쓸모없는 사람이다. 이 세상에 태어나서 죄송하다. 나는 죽을 것이다.

나는 『인간 실격』에 나오는 소설 속의 대사를 입에 달고 다니기 시작했다. 하지만 결국은 이런 대사조차도 개그 소재처럼 되어버려 더 괴로웠다.

그 당시에는 정말 죽고 싶은 생각이 없으면서도 막연히 사는 게 싫다는 생각을 하기도 했다. 또 사람들 몰래 괴로워하며 연기하던 개그맨 캐릭터는 나에게 고통만을 주었다. 나의 개그를 보고 사람들이 웃어주긴 했지만, 비슷한 개그를 반복하면서 점점 진부해졌다.

나는 원래 비틀비틀 이상하게 걸어 다녔다. 그래서 사람들은 나를 보기만 해도 즐거워했다. 하지만 남을 웃겨야 한다고 의식하자 그동안의 자연스러웠던 동작들이 인위적으로 바뀌어, 오히려 식상해져버린 것이다.

같은 반에 장래 희망이 개그맨인 아이가 있었는데, 점차 그 아이가 나보다 더 재미있는 아이로 주목을 받기 시작했다. 친구들의 관심은 자연스럽게 그 아이에게로 향했다. 새로운 스타가 등장하면서 나는 더 이상 아이들을 웃기지 못하게 되었다.

이후 나는 심한 질투와 열등감에 사로잡혔다. 내가 연기하던 개그맨 캐릭터는 반 친구들과 소통할 수 있는 나의 유일한 방법이었고, 이렇게 만들어진 캐릭터는 다른 사람들이 나를 바라보는 인격 그 자체였다. 그래서 나는 내 인격을 부정당하는 듯한 기분을 느껴야 했다.

사람들에게 인정받고 싶었지만 인정을 받을 수 없었다. 그래서 굳이 인정받지 못해도 상관없다고 생각의 방향을 바꾸었다. 하지만 마음속에서는 여전히 나를 알아주었으면 하는 생각이 간절해서, 결국 개그맨이라는 캐릭터를 만들어냈다.

그런데 그 캐릭터조차도 인정받지 못하게 되면서 나는 큰 좌절감에 빠졌다.

그렇게 개그맨 캐릭터를 부정당한 뒤 새로운 캐릭터를 만들지 못했던 이후에도 나는 비슷한 캐릭터를 연기할 수밖에 없었다. 캐릭터의 방향을 조금 바꿔 '엉뚱한 말을 톡톡 꺼내는 이상한 아이' 캐릭터를 무의식적으로 연기하기 시작한 것이다. 개그맨처럼 아이들을 웃겨 봤으니 그와 비슷하게 엉뚱하거나 이상한 말을 하면 주목을 끌 수 있지 않을까 생각했기 때문이다.

나는 뜬금없이 서른 살이 되면 자살하겠다는 말을 꺼내 주변 사람들을 놀라게 하거나, 극도로 부정적인 말을 함으로써 주목을 끌었다.

마음이 복잡해 가출해서 노숙자가 되겠다고도 했다. 물론 말은 그렇게 했어도 사실 학교를 그만두고 노숙자가 될 용기는 없었다. 다만 그 정도로 엉뚱하고 심각한 말을 해야만 누군가가 반응해줄 것 같았다.

그래서 내 말을 듣고 그러지 말라고 말리는 아이가 생기면, 계속 억지를 부리다가 반응을 살피면서 "그럼 어쩔 수 없지. 네 말대로 학교는 계속 다닐게"라는 식으로 따르는 척했다.

학교를 그만두겠다고 소동을 피우는 동안 나는 아이들의 시선을 독차지할 수 있었다. 물론 그때는 정말 학교를 그만두고 싶었기도 했었고, 아베 고보의 『상자인간』이라는 책을 읽은 뒤,

그 주인공처럼 집과 이름을 버리고 살고 싶다는 생각을 하기도 했다. 일부러 주목을 끌려고 한 것이 아니라, 되돌아보면 무의식 속에 그런 마음이 자리 잡고 있었기 때문이 아닌가 싶다.

  그 후, 나는 개그맨 캐릭터로는 더 이상 아이들을 웃길 수 없게 되었지만 극단적인 말을 함으로써 다시 반 아이들의 시선을 다시 끌게 되었다. 그리고 그것을 계속 유지하기 위해 이상한 언행을 반복하며 내 안의 '만'과 분노의 에너지를 증폭시켜 나갔다. 그것만이 내가 유일하게 살아갈 수 있는 방법이었기 때문이다.

## 갑옷 속에 숨은 나

 고교 3학년에 들어서자 사람들 앞에서 침착하게 이야기하는 것이 전보다 더 어려워졌다. 사람들을 웃기는 행동은 잘했지만 이상하게도 진지한 이야기는 나눌 수가 없었다.
 사람이 많이 모인 곳에서 이야기를 하려고 하면, 긴장한 나머지 갑자기 머릿속이 하얗게 되어 이야기를 꺼낼 수조차 없었다. 이럴 때는 겨우 말을 꺼내도 횡설수설하며 무슨 말을 하는지 나조차도 알 수 없었다.
 사람들 앞에서 긴장하는 이유는 사람들이 나를 보고 있다는 것을 과도하게 의식했기 때문이었다.

그 무렵 나는 내 안에서 점점 커져가는 '만'으로 인해 상당한 자의식과잉에 빠져 있었다. 사람들에게 주목을 받고 인정받고 싶다는 '만'이 너무 강한 나머지 사람들의 시선을 의식하면서 항상 연기를 하다 보니 필연적으로 자의식이 강해진 것이다.

내가 만들어낸 캐릭터를 연기할 때는 아무렇지 않게 사람들 앞에서 웃길 수 있었다. 하지만 캐릭터를 벗어나 본연의 자신으로 돌아와 이야기를 나누게 되면 금세 어색함을 느끼곤 했다.

나 자신의 솔직한 모습을 드러낸다는 것은 매우 힘들었다. 왜냐하면 사람들은 내가 연기하는 캐릭터를 인정해주는 것이지, 순수한 나를 인정하는 것이 아니라는 부정적인 감정이 계속 나를 따라다녔기 때문이었다.

나를 감싸고 있던 갑옷을 벗어던지고 꾸미지 않은 모습을 보여주고 싶은데, 그러면 사람들에게 부정당할까봐 마음이 불안해서 혼란스러웠다. 오랫동안 축적되어온 '만'이 나도 모르는 사이에 나를 서서히 좀먹고 있던 것이다.

**제3장**

# 아집과 무지

광기로 가득 찬
대학 시절

# 종파 불교에 대한 환멸

이미 갑옷이 되어버린 타인을 향한 태도와 남모를 고통에 시달리던 내면 사이의 괴리에 나는 큰 거부감을 느끼곤 했다. 누구에게도 이해받지 못할 열등감을 우월감인 양 그럴싸하게 포장은 했지만, 내면은 역시 고독할 뿐이었다.

이렇게 여러 가지 형태의 문제로 심리적 압박을 받던 고교 시절, 불교에는 내 문제를 해결할 수 있을 만한 길이 있지 않을까 하는 생각이 무심코 들었다. 구체적인 무언가를 추구한 것은 아니지만, 고통을 한 번에 날려버릴 만큼 굉장한 무언가가 불교의 가르침 안에 있을지도 모른다는 생각을 한 것이다.

반항적인 아들이긴 했어도 아버지가 승려였기 때문에 절이나 불교에 대해서는 어느 정도 익숙했다. 그리고 단가檀家(일정한 절에 소속되어 절의 장례식 등 불가에서 행하는 모든 일을 맡고, 시주로 절의 재정을 돕는 집, 또는 신도)들에게 둘러싸인 아버지의 모습이 멋지고 존경스러워 보여 자연스럽게 나도 승려가 되고 싶다고 생각하게 되었다.

그러던 중 고교 2학년 때 득도를 위해 교토로 갔다. 하지만 거기에서도 내가 기대하던 '엄청난 무언가'는 결국 얻을 수 없었다.

승려가 되길 원하는 사람을 위해 아버지가 소속된 종파에서 마련한 프로그램은 불경을 읽는 법, 정좌 연습, 그리고 교리 강의 듣기, 이 세 가지뿐이었다. 이를 10일간 배우는 것만으로 승려가 될 수 있다니, 참으로 이상한 일이 아닐 수 없었다. 그 프로그램을 듣기 전이나 후나 특별히 달라진 점은 눈에 띄지 않았는데 말이다.

당시 나는 불교에 대해 그다지 잘 알지는 못했지만 일정한 형태를 갖춰 수행을 하고 정신을 가다듬는 종교라는 것 정도는 알고 있었다. 그렇기 때문에 오랫동안 품어왔던 내 고민과 현재의 상태를 제대로 이해시켜 줄 수 있는 무언가가 있지 않을까 하는 기대를 가졌던 것이다. 하지만 실제로 발을 들여놔보니, 부지런히 수행을 하거나 스스로의 마음을 면밀히 성찰하는 이도 없었고, 단지 근원을 알 수 없는 신앙심만을 기르도록 할 뿐이었다.

내가 거기서 배운 것은 "부처님이 구해주리라는 믿음을 갖고 신앙심을 기릅시다"가 전부였다. 그리고 이것을 신자들에게 설파하라고 가르치는 모습에 나는 환멸을 느꼈다.

물론 그런 초월적인 힘을 믿고 의지하면 마음이 편해지고 구원받은 듯 느끼는 사람도 있을 것이다. 그런 의미에서 봤을 때 이런 전통 종교가 어떤 일정한 역할을 하고 있는 것도 사실이다.

하지만 과학의 시대에 태어나고 자란 고교생에게 신이나 부처는 사람들이 만들어낸 공상 속의 가공인물처럼 느껴지기 마련이다. 때문에 나도 그 존재를 쉽게 받아들일 수 없었다.

고통에서 벗어나고 싶다는 막연한 생각을 품고, 그에 대한 해결책을 불교에서 찾아보려 했지만 결국 내게 남은 것은 실망뿐이었다.

당시 나는 마음이 매우 불안정한 상태였다. 이유도 없이 빨리 죽어 이 세상에서 사라져버리고 싶다는 생각을 자주 했다. 그래서인지 고등학교를 졸업하고 대학에 입학한 후에는 학생 운동에 흥미를 갖기 시작했다. 물론 어중간하게 흉내만 내는 정도였지만, 당시에는 어떻게든 이 세상을 뒤집어엎고 싶다는 생각만이 간절했다. 나를 쥐고 흔드는 불안한 기분을 떨쳐버리려고 사회가 나쁘다는 대의명분을 이용하려 한 것이다.

나는 본격적으로 혁명 이론을 공부하며 마르크스의 사상을 탐닉했다. 그러면서 독일어를 배우기 시작했고 『자본론』도 읽었다. 하지만 결과적으로 이것 역시 실망스럽기는 마찬가지였다. 『자본론』을 읽고 나서도 어떻게 하면 세상을 바꿀 수 있을지 전혀 감이 잡히지 않았기 때문이다.

고교 때까지 다자이 오사무에 빠져 고뇌하며 힘들게 싸우던 나는, 대학생이 되고 나서부터는 그 고뇌를 떨쳐버리고 하루라도 빨리 나를 지배하는 고민에서 빠져나가기 위해 맹렬히 궁리했다.

이렇게 생각의 방향을 바꾸면서 철학, 정치, 미학 등 여러 분야를 탐닉할 수 있었다. 그 영향 때문인지 나는 점점 논리적이지 않은 것이나 이단적인 무언가에 동경을 품어갔고, 점점 더 나 자신을 사람들과 다른 특별한 존재라고 생각하기 시작했다.

# 나는 다르다는 착각

나는 철학자 니체에게도 깊은 영향을 받았다. 니체의 가장 유명한 사상은 '초인超人 사상'이다. 초인은 쉽게 말해 '인간을 초월한 존재'라는 뜻이다.

니체는 '인간이란 초월해야 할 어리석고 아둔한 존재'라고 말하며 어리석은 사람을 철저히 매도했다. 이는 자의식이 지나쳐 자신이 사람들과 다른 존재라고 생각하던 나를 확 끌어당기기에 아주 인상적인 사상이었다.

일반적으로 철학을 공부하는 사람을 보면 왠지 잘난 척할 것 같다는 느낌을 받게 된다. 그런데 나는 실제 그들의 생활이 그럴 거라고 생각한다. 철학에 빠진 사람들은 마음속으로 자신이 다른 사람들보다 더 똑똑하고 현명하다고 여길 게 분명하다.

나 역시 '훌륭한 학문을 배우고 있으니 적어도 나는 어리석은 일반 대중과는 다르겠지' 하는 의식을 가지고 있었다. 그도 그럴 것이, 당시에 나는 어학이나 철학 공부에 꽤 자신이 있었고, 철학이나 현대 사상에 관련된 용어를 일상적으로 사용하기도 했다. 그런 생각에 젖은 상태로 시간이 좀 더 흐르자, 나는 매사에 비판적으로 말하며 거드름까지 피우는 사람이 되어 있었다.

당시의 나는 사람들에게 호감을 주는 타입이 아니었다. 누군가 얘기를 하면 그 사람이 한 말 중에서 이상한 부분마다 꼬투리를 잡고 늘어졌다. 그리고 누군가 어떤 행동을 하면 그 행동에 대해 제멋대로 분석해 말하면서 사람들의 기분을 상하게 만들곤 했다.

아마도 나는 상대를 비판하는 것이 나의 가치를 높이는 일이라고 착각하고 있었던 것 같다. 이 때문에 이전과는 또 다른 형태의 건강하지 못한 자의식이 내 마음을 지배해갔다.

마음에 분노의 에너지를 축적하고 있던 나는 누가 봐도 눈살을 찌푸릴 만큼 사람을 비판하는 것에 열심인 사람이었다. 사실 그런 행동은 정도의 차이만 있을 뿐 사람이면 누구나가 자신도 모르게 저지르는 행동 중 하나일 것이다. 즉 사람들은 대부분 무의식중에 자신을 특별하다고 생각하면서 '상대는 틀렸고 내가 옳다'는 주문을 외게 된다. 그 결과 자신은 남들과 다르기 때문에 더 가치 있는 존재라며 착각하고 만다.

대학생이 된 나 역시 '일반 사람들과 다르기 때문에 특별하다'는 주문에 얽매이게 되었다. 다르다는 그 주문은 쉽게 풀리지 않고 계속해서 내 안에서 부정적인 에너지를 만들었다.

나는 내가 특별하다는 것을 실감하기 위해 사람들과 다른 점을 찾아내려고 혈안이 되어 있었다. 하지만 이것도 한계가 있었기에, 항상 다른 상태의 나를 유지하기 위해서는 늘 남들과 구분되는 새로운 차이를 만들어내야 했다.

누구나 짐작하듯, 긍정적인 차이를 만들어내려면 재능과 노력이 필요하기 때문에 남들과 차별화를 하는 건 쉬운 일이 아니다. 그러나 반대로 부정적인 방향에서 차이를 끌어내는 일은 쉬웠다.

즉 결코 자랑스러운 것이 아닌데도 '나는 이만큼 쓸모없는 인간이다', '내가 복용하는 약이 더 많다', '나는 너보다 더 심한 병에 걸려 있다'와 같은 부정적인 측면에서의 '차이'를 만들어 내는 것이다. 중요한 것은 '차이가 있느냐 없느냐'이므로 여기서 그 차이가 긍정적인 차이인지 부정적인 차이인지는 내 관심 밖이었다.

목표로 하고 있던 일이 현실이 되지 않으면 타인과 비교하여 스스로에 대한 평가를 낮추기 마련이다. 자기 평가가 낮아지지 않게 하려면 그건 애초부터 가치 없는 일이었다며 현실에서 도피하듯 평가 기준 자체를 바꿔버리는 편이 빠르다.

게다가 그 가치에 대한 평가가 부정적이면 부정적일수록, 이전에 관심 가졌던 대상을 우습게 여길수록 뒤떨어진 자신의 가치는 그만큼 더 올라간다. 철학이나 현대 사상 운운하면서 어설픈 지식인 흉내를 내는 사람들이 스스로의 열등감에서 눈을 돌리기 위해 타락이나 퇴폐, 악덕, 논리적이지 않은 일에 빠져들기 더 쉬운 이유도 이런 마음의 작용 때문이다.

실제로 나는 그 후, 대학 시절 내내 난잡한 생활을 했을 뿐 아니라 나쁜 짓만 골라서 했고, 결국 긍정적인 영향은 하나도 없었다. 번뇌로 인한 해악은 이렇게 몸과 마음에 직접적으로 영향을 미친다.

이 무렵에는 두통이나 만성 위염, 어깨 결림과 같은 여러 가지 증상이 나타나 몸 상태도 엉망이었다. 신경성 위염 때문에 병원에 다니기도 했다. 구체적인 병명을 붙일 만큼 심각한 정도는 아니었지만, 항상 어딘가 아픈 것처럼 느껴져 건강과는 거리가 먼 골골한 생활을 했다.

불교에서는 마음에서 생겨난 해악이 몸에 악영향을 미친다고 강조한다. 하지만 꼭 불교의 가르침이 아니라도 이는 누구나 공감할 수 있는 이야기일 것이다.

불안을 느끼면 위산이 분비되므로 위가 쓰리다. 긴장하면 몸이 경직되어 어깨가 뭉친다. 충격을 받으면 현기증이 일어난다. 흥분하면 가슴이 두근거린다.

이렇게 마음의 변화가 신체의 증상으로 이어지는 예는 수도 없이 많다. 마음이 심란해지면 호흡이 가빠지고 산소가 몸에 충분히 공급되지 않아 손발 끝이 차가워진다. 그리고 이런 작은 증상들이 원인이 되어 점차 큰 병으로 이어진다.

지금 생각해보면 철학을 배우며 했던 고민이나 의문이 내 마음속 병의 직접적인 원인이었을지도 모른다. 하지만 당시에는 그런 인과 관계가 있을 것이라고 생각해본 적이 없었다. 누군가 이런 인과 관계에 대해 말할 때, 그럴 수도 있겠다고 생각을 하긴 했지만 깊게 받아들이진 않은 채 그냥 흘려버리기 일쑤였다. 그런 얘기를 들었을 때 "그럴지도 모르지"라고 동조하기는 했지만, '그런 건 누구나 생각할 수 있지 않을까?'라고 생각하면서 심각하게 생각하지 않으려 했다.

예컨대 흡연자의 경우, 담배가 몸에 좋지 않다는 말을 들으면 항상 "그래, 그럴지도 모르지"라고 대답하지만 이내 무시해 버리는 경우가 많다. 담배를 피우고 싶은 순간 피우는 것이 몸에 나쁘지 않다고 정당화하면서 자신은 틀리지 않았다고 생각하는 것이다.

뇌에는 인지적 불협화Cognitive Dissonance를 만들어내지 않으려는 습성이 있다. 즉 머릿속엔 '내가 하는 일은 옳다'는 정보가 지배적이므로 스스로의 행위를 제재하지 않고 계속하는 것이다. 하지만 그 행동이 나쁜 행동이라는 정보가 들어오면 모순이 일어난다. 뇌는 이런 모순으로 인한 스트레스를 싫어하기 때문에 본인에게 거북한 새로운 정보를 무의식적으로 흘려버리는 것이다.

# 아집의 번뇌와
# 무지의 작용

그것은 불교의 관점에서 보면 '아집'의 번뇌라고 할 수 있다. 아집이란 자신의 의견에 집착한 나머지 자신이 옳다고 주장하는 것이다.

제 주장이 틀렸다는 것을 깨닫더라도 본인 그 자체가 아닌, 자신이 했던 '이전의 주장'이 틀린 것이라고 여긴다. 때문에 틀린 부분을 깨닫고 반성한 '현재의 자신'은 옳다는 생각에서 벗어나지 못한다.

자신의 생각이 옳지 않다는 것을 인정하면 현재의 자신이 타격을 입으므로, 제 생각이 반드시 옳다고 생각할 수밖에 없는 것이다.

보통 옳다고 강하게 생각하면 할수록 목소리를 높여 주장하곤 하는데, 사실 옳다는 의견의 대부분은 이런 트릭으로 힘을 얻는 것에 지나지 않는다.

자신이 올바르다는 생각을 상대에게 강요하면 인간관계가 깨질 수도 있다.

나는 내 의견이 옳다며 다른 사람의 생각을 비판하고, 내 주장을 사람들에게 강요했다. 그러나 이것은 많은 폐해를 낳은 행동이었다. 고집을 부리기 위해서는 에너지를 써야 하고, 상대의 논리를 무너뜨리기 위해 전략을 세워야 하기 때문에 심신이 피곤해질 뿐이었다.

뇌의 이 교묘한 시스템은 자신이 옳다고 생각하는 것과 상충되는 정보를 쉽게 받아들이지 않는다. 제 몸 상태가 나빠지고 있다는 걸 느끼면서도 이내 가볍게 여기며 '괜찮아, 나는 올바른 일을 하고 있으니까'라고 생각한다.

인간의 망각 능력은 참으로 탁월하다. 하루 동안 머릿속에 스쳐간 생각들을 전부 기억할 수 있는가? 아마 그렇지 않을 것이다. 매우 기뻤던 일이나 화가 났던 일이라면 세세하게 생각날지도 모른다. 하지만 그 밖의 사소한 일들은 잘 기억나지 않을 것이다. 말실수를 한 뒤 후회를 하는 것도 잠시뿐이다. 그 순간으로부터 몇 시간, 혹은 며칠만 지나면 전혀 기억이 나지 않는 경우가 많다.

인간의 머리는 자신에게 불리한 기억을 최대한 지워버리곤 한다. 정말 필요한 정보여도 현재의 자신이 옳다고 생각하는 것과 상충되면 완전히 삭제하기도 한다.

이것은 번뇌의 하나인 '무지'가 작용하기 때문이다. 그리고 이것은 자신의 상태를 잊게 만드는 작용을 한다. 이처럼 무지라는 것은 실제로 일어난 신체적인 반응이나 마음속 깊은 곳에 숨겨진 의식을 인지하지 못하고 착각을 일으킨다.

『자설경自說經』에는 "살아있는 것은 마음을 기만한다"는 구절이 있다. 그 기만하는 상태가 바로 '무지'다. 정보가 들어와도 자신에게 불리하다 싶으면 마음은 머리를 시켜 제멋대로 그 정보를 삭제해버린다. 즉 자신의 잘못된 상태를 바꿀 수 있는 기회가 주어졌음에도 불구하고 그것을 삭제해서 기회를 놓치게 만드는 것이다.

불교에서는 '지식'과 '지혜'를 구분한다. 진심을 끌어내 좋은 쪽으로 작용하도록 만드는 것이 지혜며, 마음속에 깊게 새겨지지 않는 정보는 지식이라고 할 수 있다. '담배는 몸에 나쁘니까 끊어야지'라고 생각하는 것은 지혜다. '알고는 있지만 끊을 수가 없어' 정도의 생각에서 그치고 마는, 반드시 도움이 되리란 법은 없는 정보가 지식이다.

'도박을 그만둬야겠다', 혹은 '남에게 돈을 빌리지 말아야겠다' 하고 생각은 하지만 사람들은 쉽게 그만두지 못한다. 이렇게 생각과 행동이 일치하지 않는 것은 지혜가 없는 무지의 상태라고 할 수 있다.

아쉽지만 당시의 나도 지혜가 아닌 지식만 가지고 있었기 때문에, 나 역시 내 몸을 혹사하는 행동을 멈추지 못했다.

# 무의식의 지혜

어렸을 때 내가 매우 이상하게 여기던 일이 있다.

초등학교 2학년 때였다. 당시 나는 '이 얼 쿵푸'라는 TV게임에 푹 빠져 있던 상태였다.

이 게임의 2단계에서는 불을 내뿜는 뚱뚱한 아저씨가 악당으로 등장하는데, 아저씨에게 이길 수 있는 방법이 한 가지가 있었다. 캐릭터의 몸을 웅크린 채 컨트롤러 버튼을 미친 듯이 연속해서 누르면 펀치로 그 불을 끌 수 있는 것이다. 그리고 나서 상대방이 나에게 다가오면 단번에 펀치로 쓰러뜨리는, 아주 간단한 방법이었다.

화면을 보면서 때리면 당연히 이길 수 있었다. 하지만 화면을 보지 않은 채 아래만 보고 버튼을 열심히 누르다가 나중에 화면을 보면 내 캐릭터는 이미 죽어있곤 했다. 이상했다. 나는 이기는 방법을 알았고, 그래서 항상 똑같이 버튼을 누르고 있었는데 몇 번이나 해봐도 언제나 죽는 것이었다. 불 뿜는 아저씨를 때리는 중간에 틈이 생기지 않도록 주의하면서 다시 한 번, 또 한 번 게임을 해도 마찬가지였다.

나는 왜 이렇게 이해할 수 없는 일이 일어나는지 현상을 분석해보았다. 그러던 중 화면을 볼 때와 보지 않을 때 버튼을 누르는 것에 미묘한 차이가 있다는 것을 알았다.

나는 내가 항상 똑같이 버튼을 누르고 있다고 생각했다. 그런데 무의식은 내가 모르는 사이 생각보다 훨씬 복잡하게 정보를 처리하고 있는 듯했다. '지금, 이 순간에 누르는 게 더 유리해'라든가 '이 타이밍은 좀 빨라'와 같이 내가 깨닫지도 못할 정도의 섬세한 정보를 피드백함으로써, 버튼을 누르는 타이밍을 미묘하게 조종하는 것이다. 즉 게임을 이길 수 있도록 하기 위해 무의식 아래에서 일종의 조작이 일어나는 것이다.

이는 불교에서 말하는 지혜의 작용과도 비슷하다. 무지란 올바르지 않은 정보 처리로 인해, 지혜가 제 힘을 발휘하지 못하게 하는 상태를 말한다.

그러나 지혜를 철저하게 인식함으로써 최적의 상태로 되돌려 효율적으로 작용하도록 해야 한다. 아집과 무지는 지혜의 작용을 방해하는 번뇌다. 이것들로부터 자유로워져 무의식의 지혜를 의식의 단계까지 끌어올리는 것이 좌선에 있어서 효과를 볼 수 있는 하나의 방법이다.

# 착각과 고통의
# 근원

아집과 무지의 작용은 복잡하게 엉켜 있다. '아집'이라는 번뇌가 생성되는 배경에 '무지'가 있다. 앞에서 언급했듯 무지의 상태가 되면 감각, 혹은 인식 능력이 둔화되어간다. 즉 멍한 상태가 되어 입력되는 정보를 받아들일 수 없게 되는 것이다. 이 경우, 어떤 감정으로 인해 몸이나 의식에 변화가 생겨도 그 원인을 제대로 알 수가 없다.

아집도 사람의 인식 능력을 떨어뜨린다. 아집은 정보에 대한 판단을 바르게 할 수 없도록 만들 뿐 아니라, 자신에게 불리한 정보를 망각하게 하고, 자신만이 옳다고 믿게 유도한다.

반대로 인식 능력이 강렬하게 작용해서 정보를 확실하게 인지하면, 자동적으로 지혜가 활동을 하면서 그런 잘못된 의견이 깔끔하게 사라져버린다.

건강 문제도 이와 유사하다. 아집으로 인해 인식 능력이 떨어지지 않았더라면, 나는 내가 받는 스트레스가 원인이 되어 건강에 문제가 생겼다고 제대로 판단할 수 있었을 것이다.

사람들은 고통이 심해지면 그 원인을 찾으려고 한다. 하지만 그 원인이 자신을 불리하게 만드는 요소와 연결될 것 같으면 이를 거부한다. 그러한 마음의 작용 때문에 자신에게 유리한 다른 원인을 찾으려고 한다. 그래서 진짜 원인을 알기 어려워지는 것이다.

예를 들어, 만성적인 위염에 시달리는 사람이 있다고 해보자. 어느 날 한 사람이 우연히 상한 바나나를 먹어 배탈이 났다. 이때 그 사람은 배탈의 원인이 바나나 때문이라고 인식해 버리면 마음이 편해질 것이다. 왜냐하면 자신의 불규칙한 생활 습관, 혹은 해이해진 정신 상태가 배탈의 원인이라고 생각하지 않아도 되기 때문이다. 그래서 일부 사람들은 제 고통의 원인이 모두 바나나 때문이라고 쉽게 단정하고 만다.

이 또한 무지에서 비롯되는 행위로, 현실을 인식하지 않으려고 무의식적으로 착오가 있는 행위를 하는 것이다. 현실을 직시하지 않고 자신에게 유리한 정보를 취하면 기본적으로 마음이 편해지기 때문이다.

# 욕망의 증폭 방법

이유를 알 수 없는 마음의 변화, 이로 인한 해악은 상상 이상으로 나를 괴롭혔다. 바로 내게 나타난 변화가 그 모습을 바꾸어, 나와 교제하던 여자 친구에게 좋지 못한 행동을 하는 것으로까지 나타나기 시작한 것이다. 그리고 어느 시점부터인가 나의 이성 관계는 엉망진창이 되어갔다.

  나의 고교 시절은 고민을 억누르고 스스로를 억압해야 하는 고통스러운 시간의 연속이었다. 그러다 나는 이성과 교제를 함으로써 그 고민과 고통에서 벗어날 수 있을지 모른다는 착각을 하게 되었다. 그리고 대학에 들어가면서부터 사춘기 때의 풋풋

하고 아련한 사랑이 아닌 본격적인 연애를 해보게 되었다.

여자 친구를 사귀고 처음에는 매우 행복했다. 하지만 얼마 후, 그 여자 친구가 기혼자였다는 것을 알았고, 나와 그녀는 당연히 그녀의 남편에게 큰 상처를 주고 말았다.

그녀가 기혼자라는 것을 안 시점에서 헤어져야 했지만 설상가상으로, 주변에서 반대하면 반대할수록 우리의 사랑은 더욱 간절해졌고 만남은 오래 이어졌다.

사태는 점점 심각해져 급기야 폭력 사태 직전까지 이르게 되었다. 그럼에도 나는 더욱 쾌감을 느꼈다. '이런 위험한 상황에서 그녀가 의지할 사람은 나뿐이다. 세상에서 나를 가장 사랑해주는 사람은 그녀다. 나는 무척 큰 사랑을 받고 있다'는 착각에서 헤어나지 못했다.

부모님과 친구들에게 사랑받고 인정도 받고 싶었지만 그러지 못했던 욕망이 그런 식으로 발현된 것이다. 우리는 그녀의 남편에게서 도망을 쳤고 이후 여기저기로 도피 행각을 벌였다. 그리고 그런 부도덕함을 로맨틱함으로 착각했다.

결국 우리의 사랑은 양쪽 가족 모두에게 큰 상처를 준 후에야 헤어짐으로 끝을 맺게 되었다. 내가 여기서 느낀 것은 어떠

한 교훈이 아니라 욕망이 폭발하는 방식에 관한 것이었다.

'서로 격렬하게 사랑하면서 감정을 불태우면, 상대방도 열렬하게 나를 원하고 사랑해주는구나. 또 나를 세상에서 가장 소중한 존재로 여겨주는 상대를 만나면 나의 외로움도 치유되는 거구나.'

당시에는 이렇게 자각했다. 그리고 이로 인해 어쨌든 서로 사랑하고 소중하게 여기는 것은 참으로 낭만적인 일이라고 생각하게 되었다. 그러나 그 이면에는 다른 사람에게 정열적인 사랑을 받고 싶다는 '갈애'가 거세게 자라나고 있었다.

그 여자 친구와 헤어진 뒤 나는 여러 명의 이성과 사귀었다. 그때까지는 소극적이고 이성에게 말도 잘 걸지 못하던 성격이었지만, 이 사건을 계기로 나의 행동은 180도로 변하게 되었다. 그동안 나를 괴롭혀왔던 만성적인 피로도 이제 더 이상 상관없었다.

학생 운동도, 마르크스도 나를 구해주지 못했으니까.

그때까지의 나는 허무주의를 추구하고 있었기 때문에, 그에 걸맞게 검고 우중충한 색상의 옷들만 골라 입곤 했다. 하지만 여자 친구가 옷을 골라주기 시작하면서 내 옷차림에도 큰 변화가 찾아왔다.

여자 친구가 멋있다고 말해주면 더 칭찬을 받고 싶은 욕구가 생겨났다. 나는 이런 단순한 이유로 갑자기 패션에 관심을 갖게 되었다. 이후 나는 여기저기에서 돈을 긁어모아 비싼 옷을 닥치는 대로 사들이기 시작했다. 또 머리도 기르기 시작했다.

옷으로 겉모습을 꾸미는 것은 외로움의 발로였지만, 이를 알 리 없는 사람들은 내게 점점 말을 걸어왔고, 그러면서 내 생활 방식도 확 바뀌게 되었다.

나는 엥겔스의 『가족, 사유 재산, 그리고 국가의 기원』과 같은 책을 읽으면서, 결혼은 자본주의하에서 서로를 소유하도록 만든 제도이기 때문에 악습이라고 생각했다. 또한 남녀 관계는 1 대 1의 관계가 아니라 더 자유로운 관계여야 한다고 생각했다. 그래서 사귀던 여자들에게 진정으로 사랑한다면 상대방을 속박하지 말아야 한다며 내 생각을 강요했다.

하지만 여자들은 그로 인해 스트레스를 받았다. 스트레스를 받는다는 것을 겉으로 드러내지는 않았지만 나는 알 수 있었다.

그리고 사실 나 또한 스트레스에서 완전히 자유롭지는 않았다. 여자 친구에게 불만을 안겨준다는 것이, 그리고 그녀가 나에게 불평을 하는 것이 내게 큰 스트레스였다. 더불어 내가 그런 행동을 하고 있다는 죄책감도 나에게는 큰 스트레스가 되었다.

# 삐뚤어진 사랑

여러 명의 여자들과 교제하는 것도 상당히 피곤한 일이었다. 하지만 그만둘 수 없었던 이유는 결국 '만' 때문이었다. 다수의 여자들에게 사랑을 받는 만큼, 나는 멋지고 가치 있는 인간이 되어간다는 생각을 멈추고 싶지 않았기 때문이다.

나는 이성에게 사랑을 받음으로써 외로움과 공허함을 달랠 수 있다는 것을 경험했다. 그러나 이제는 더 이상 예전처럼 단순하게 생각할 수 없었다.

나는 '갖고 싶다-부족하다-갖고 싶다-부족하다'는 욕구 불만 때문에 돌발적으로 친구에게 다가가려 했다가 상처를 받앉던 적이 있었다. 때문에 이제 그런 태도가 드러나지 않도록 완벽히 감추고 싶다고 생각하게 되었다.

그 대신 상냥하게 대해주거나 상대를 애정 어린 눈빛으로 바라봐주었다. 스스로의 외로움 때문에 힘들어했었던 만큼 나는 다른 사람의 외로움도 잘 간파할 수 있었다. 그래서 외로움 때문에 생긴 상대방의 상처를 교묘히 파고들어 사랑을 얻어내기 위해 교활하게 행동했다.

상대가 반응을 보이면 나 역시 사랑을 받고 있다는 생각에 만족을 느낄 수 있었다. 하지만 평온한 관계를 유지하고 있을 때는 왜곡된 외로움이 결코 사라지지 않았다.

갓 사귀기 시작했을 때 느껴지는 신선함은 외로움을 일시적으로 마비시켜주었지만, 상대의 성격이나 외모에 익숙해짐과 동시에 그 만족감은 사라져갔다. 그리고 결별을 요구했을 때 여자 친구가 울며불며 헤어지기 싫다고 매달리는 모습을 보면서 나는 점점 더 왜곡된 이성관을 습득했다. 나를 좋아하는 상대를 굴복시키면 그에게 강한 영향력을 끼칠 수 있다는 것을 알게 된 것이다. 특히 차가운 태도로 상대를 불안하게 만들면 상대는 내 눈치를 살피면서, 더욱 나에게 신경을 써준다는 것을 깨달았다. 마치 어린 시절, 내가 좋아하던 친구의 눈치를 살피면서 필사적으로 잘 보이고자 노력하던 행동과 흡사한 상황을 이젠 내가 만들어낸 것이다.

나는 그동안 부모님과 친구에게 얻지 못한 것들을 보상이라도 받으려는 것처럼 일부러 여자 친구에게 차갑게 대하며 불안감을 만들어냈다.

상대방을 불안하게 만들면 지배할 수 있는 게 사랑이었다. 지배할 수 있으면 독차지하는 것도 가능했을 터였다. 그래서 나는 나를 향한 상대의 사랑을 온전히 독점함으로써 지독한 외로움에서 벗어날 수 있다고 착각했고, 그 후로 나는 또 나 자신도 모르는 사이 이상한 행동들을 하고 있었다.

예를 들어 마음에 내키지 않는 일이 생기면, 여자 친구의 집에서 자다가도 한밤중에 일어나 말도 없이 집으로 돌아오곤 했다. 아침에 눈을 뜬 여자 친구는 불안해서 나에게 무슨 일이 있었느냐며, 기분 나쁘게 했다면 미안하다며 연락해왔다. 이런 말을 들으면서 나는 일시적으로나마 내 외로움을 잊기도 했다.

문제는 이게 버릇이 되었다는 점이다. 그날의 대화가 조금이라도 지루하거나, 서로 사랑을 나눴을 때 반응이 별로였다거나 하는 등의 아주 사소한 일만 벌어져도 마음속에 다시금 결핍감과 외로움이 밀려왔다. 그러고는 내면 깊은 곳에서는 나만을 봐달라는 '갈애'의 불길이 점점 더 커져가고 있었다.

여자 친구가 차려주는 식사가 전보다 허술하게 느껴지기만 해도 순식간에 기분이 언짢아졌다. 혹은 여자 친구가 내가 아닌 다른 사람을 만날 때 아끼는 옷을 입고 공들여 화장을 하는 모습을 본다거나, 반면 나와 데이트할 때 그만큼 예쁘게 꾸미지 않으면 곧바로 심기가 뒤틀려버렸다.

하지만 상대를 독점하고 싶은 감정을 드러내는 것은 자존심이 허락하지 않았다. 그래서 확실하게 말은 하지 않고 기분이 나쁘다는 티만 냈다. 그리고 그럴수록 상대방은 내가 왜 그런지 이유를 몰라 초조해했다.

그러는 와중에도 나는 혼자 외로워하고 답답해하며 잠을 이루지 못했다. 뿐만 아니라 자고 있는 여자 친구를 보며 '나는 이렇게 불안해서 잠도 오지 않는데 너는 잘도 자고 있네'라고 억지스러운 생각을 하며 혼자만의 감상에 빠져들었다. 그러고는 낮에 즐거운 시간을 보냈음에도 불구하고 혼자 한밤중에 일어나 전철이 끊긴 시간에 말도 없이 집에 돌아오는 것이다.

자신을 향해 바보라고 중얼거리면서 터벅터벅 집으로 돌아온 뒤 그런 어리석은 행동에 웃음이 나오기도 했다. 상대를 불안하게 만들어야 한다는 무의식이 너무 강해서 나는 행복한 시간을 즐길 수도 없었다.

이런 사건들 외에도 나의 기행은 수없이 많았다. 여자 친구와 전철을 탔을 때 내가 지금 생각해보면 말도 안 되는 이상론이나 철학론을 열변하면, 당연하게도 여자 친구는 재미없다는 표정을 지으며 이야기에 집중하지 않았다. 그런데 이를 눈치채면 그 즉시 내 안에 다시 극심한 외로움이 밀려왔다.

그러면 반사적으로 밤중에 말도 없이 혼자 집으로 돌아가던 때와 같은 반응을 보였다. 목적지에 도착하지 않았는데도 불구하고 "그럼 다음에 봐. 오늘은 이만, 안녕"이라고 말하고는 그냥 중간에 내려버리는 것이다.

그것도 여자 친구가 쫓아오지 못하도록 일부러 문이 닫히기 직전에 재빨리 내렸다. 그리고 움직이기 시작하는 전철 문 너머로 왜 그런지 몰라 당황하며 불안해하는 여자 친구의 표정을 보면서 나의 삐뚤어진 지배욕을 충족시킬 수 있었다.

물론 욕망을 충족시키려고 하는 이런 행동들이 즐겁지만은 않았다. 한번은 내가 내린 다음, 여자 친구가 울면서 나를 찾아온 적이 있었다. 그러면 "어쩔 수 없네"라고 하면서 내가 어떤 대단한 존재라도 되는 양 거드름을 피우며 여자 친구를 위로해주었다. 그럴 때 순간적으로 쾌감을 느낄 수는 있었지만, 도를 넘는 왜곡된 마음 때문에 나 역시 즐겁지 않았다. 그럼에도 불구하고 갑자기 자리를 떠버리거나 상대를 배려하지 않는 행동을 반복적으로 하면서 내 버릇은 점차 굳어갔다. 그래서 결국에는 여자 친구뿐 아니라 다른 사람과 있을 때도 심기가 불편해지면 그 자리를 그냥 떠나버리는 게 습관이 되었다.

이렇게 주변 사람들까지 불편하게 만드는 일이 반복되자 친구들은 나를 제 마음에 들지 않으면 마음대로 행동하는 이기적인 사람이라고 생각하게 되었다.

나는 일부러 여자 친구를 곤란하게 하거나 불안하게 하려고 생각하지는 않았다. 단지 둘이 있으면 근원을 알 수 없는 불안한 마음이 생겨났기 때문이었다. 나는 나 자신을 사람을 사귀는 것보다 혼자 고독한 것을 즐기는 사람이라고 착각하고 있었다. 하지만 지나고 보니 내가 사람들을 곤란하게 만드는 행동으로 주목을 끌며 응석을 부리는 어린아이와 다르지 않다는 것을 깨달을 수 있었다.

# 여자 친구의
# 자살 미수

나는 이윽고 상대를 더욱 불안하게 만들 수 있는 더욱 강력한 방법을 생각해내었다. 내가 다른 여자와 바람을 피우면 여자 친구가 질투심 때문에 더욱 엉망진창이 된다는 걸 알게 된 것이다.

여자 친구가 흥분해서 나에게 울며 매달릴수록, 내가 그만큼 더 가치 있고 소중한 존재가 된다는 쾌감도 컸다.

상대를 불안하게 만들어 지배한다고 해도 그 상대가 질투 때문에 울어버릴 정도가 되면 상대가 가진 '불안감'은 감당할 수 없을 만큼 도를 넘게 된다. 그럴 때 여자 친구는 나에게 잘

해주기는커녕 나를 원망하며 헤어지기를 요구하기도 했다.

하지만 그것조차도 나는 '이 사람이 이만큼 나를 증오하는 건 그녀에게 있어서 내 존재의 의미가 크기 때문이다. 따라서 나는 정신적으로 그녀를 지배하고 있다'고 해석을 했다.

이렇게 나는 언제부터인가 나도 모르는 사이에 연애 감정을 '자기애와 사디스트적 지배욕'으로 변형시켜버리고 말았다. 나 자신은 사랑을 받고 있으니 외롭지 않다고 생각하며, 상대에게 상처를 주면서 불안에 떨게 하고, 상대를 나에게 종속시키려고 한 것이다.

이런 방식으로는 어떤 인간관계도 지속시킬 수 없다. 물론 처음에는 불안함 때문에 여자 친구가 내 비위를 맞춰주겠지만, 불안감이 너무 커지면 여자 친구는 무너져버린다.

이렇게 관계를 만들고 다시 부숴버리는 패턴이 반복되자 나의 몸과 마음은 더욱 황폐해져갔다. 사랑을 받고 있다는 자극에 내성이 생겨, 시간이 지날수록 이제 그런 자극으로는 아무런 감흥을 느낄 수 없게 된 것이다. 그래서 마침내는 아무리 자극을 받아도 마음속의 공허함이 전혀 사라지지 않는 상황에 이르렀다.

이런 방식은 마약에 취하는 것과도 같았다. 같은 양으로 효과를 보지 못하면 마약의 복용량을 늘릴 수밖에 없는, 그래서 전과 같은 쾌감을 맛보기 위해서는 '이전보다 더 사랑받고 있다. 전보다 상대를 더 괴롭혀야 한다. 더 미움을 받아야 한다. 전보다 더 사람들에게 많은 영향을 끼쳐 지배해야 한다'는 착각 속에 갇히고 마는 것이다.

그 짧은 순간만큼은 더 강한 쾌감을 느낄 수 있는 게 분명했다. 하지만 마약도 그러하듯 효과는 너무도 짧았다. 그리고 효과가 사라지면 이내 문제가 드러난다.

"만족할 수 없어. 외로워. 누군가 나를 좀 살려줘. 목이 말라. 누군가 나를 좀 구해줘. 뭔가 부족해. 아아, 전보다 더 외로워진 것 같아. 더 공허해진 것 같은 느낌이 들어!"라고 외치게 된다.

이렇게 금단 현상이 시작되면 곧바로 누군가를 괴롭혀 복종시키고, 상처를 주고, 질투하도록 만들어야 했다. 나는 날이 갈수록 이런 영향력에 집착하게 되었다.

고통스러우면 고통스러울수록 금단 증상에 빠져 마약과 같은 행위를 반복하면, 뇌에서는 정보를 처리하는 데 있어서 더 큰 문제를 만들어낸다.

　나는 애정이라는 것을 전혀 이해하지 못하고 있었다. 당시 내가 좋아하던 음악 가사에는 "사랑하든 말든 그런 건 아무래도 좋아", 또는 "사랑은 필요 없어. 습기만 있어도 나는 괜찮아" 등과 같이 비뚤어진 내용이 많았다. 실제로는 간절히 사랑을 원하고 있었으면서도 말이다.

　이런 행동을 반복하던 중 정신적으로 자멸감에 빠질 만한 사건이 일어났다.

　어느 날, 여자 친구와 결별 이야기로 다투고 있었다. 그런데 갑자기 여자 친구가 칼을 꺼내 들고는 "내가 죽어도 이젠 상관없지?"라고 말한 것이다. 나는 '아이쿠, 마침내 자극적인 화제까지 등장했군. 이제 뭘 하려는 걸까?'라며 난처해하는 한편, 내심 상대방이 나 때문에 죽겠다는 말을 하는 것을 보면서 쾌감을 느꼈다.

　나는 일부러 "나는 항상 죽고 싶다고 생각해. 네가 죽고 싶다면 죽는 거야. 내가 그걸 막을 권리는 없어"라고 냉정한 척하며 차갑게 대했다. 그리고 여자 친구가 "그럼 당신은 내가 죽어도 된다 이거지?"라고 하자, 나는 "죽으라는 게 아니라 너한테는 죽을 자유가 있다고 말하는 거야"라고 대답했다. 그러고는 속으로는 죽을 용기도 없을 거라며 비웃었다.

하지만 내 예상과는 달리 여자 친구는 칼로 손목을 그었고 카펫에는 선혈이 튀었다. 병원으로 옮겨진 여자 친구의 목숨에는 다행히 지장이 없었지만 나는 마음에 큰 충격과 상처를 입게 되었다.

"죽으라고 하니까 너무 괴로웠어"라며 나를 힐난하는 그녀에게, 나는 "죽으라고 하지 않았어"라고 말했고, 여자 친구가 "아냐, 했어!"라고 반박해 우리는 다시 언쟁을 벌였다. 결국 그녀는 매일 나를 질책하는 메일을 보내왔고, 심지어는 집까지 찾아와 문 앞에서 나를 계속 기다리기도 했다. 이에 겁을 먹은 나는 한동안 방 밖으로는 한 발짝도 나가지 못했다.

이렇게 정신적으로 괴로웠던 시절, 나는 또 다른 새로운 만남을 갈구했다. 이때의 문제는 바로 나의 공허함이 절정에 달해 있었다는 점이었다. 그래서 나는 새로 나타난 그녀야말로 나를 구원해 줄 게 틀림없다고 생각했다.

당시에는 절망적인 상황에 빠져 있던 나에게 충고를 해주는 그녀가 너무도 빛나 보였다. 죽고 싶을 정도로 외로웠던 나는 그녀와 함께 살고 싶었지만, 그녀는 혼전 동거에 반대하는 입장이었다.

당시 나는 결혼 제도 자체에 적대감을 갖고 있었기 때문에 며칠 동안 고민을 할 수밖에 없었다. 하지만 철학적인 주장이나 관념보다는 사무치는 공허함과 혼돈에서 벗어나고 싶다는 생각이 더 간절했다. 얼마 후 나는 그녀와 결혼하기로 마음을 먹었다.

# 상처뿐인
# 결혼 생활

결혼이란 상대를 소유하는 속박이라고 생각했기에, 나는 주변의 지인에게도 그런 가치관을 어필해왔다. 하지만 과정이야 어쨌든 결국에는 결혼을 했기 때문에 나는 부끄러운 나머지 아무에게도 결혼했다는 사실을 알리지 않았다. 하지만 친구들에게까지 결혼 사실을 숨기는 건 상당한 스트레스였다.

   아내는 내가 무엇을 했든, 얼마나 비참한 삶을 살았든, 나를 사랑하고 평생 내 곁에 있어주겠노라고 약속했다.

   그녀를 만났을 때는 정신적으로 매우 어려웠던 시기였다. 그때 그녀는 나락에 빠진 나를 구해주었고, 그녀 역시 자신의 사랑으로 내가 일어설 수 있었다는 걸 알고 있는 듯했다.

때문에 나 같은 남자를 사귈 수 있는 사람은 자신뿐이라거나, 자신이 아니면 아무도 나를 상대해주지 않을 것이라는 생각이 그녀의 머릿속에 깔려 있는 것 같았다.

즉 내게 무언가를 해줄 수 있는 사람이 자신밖에 없다는 우월감을 갖고 있었던 것이다. 하지만 당시의 나는 그녀의 이런 생각을 추호도 짐작하지 못했다.

물론 나는 나대로 그녀가 나를 구원해준 것이라 생각하고 있었다. 그녀는 나에게 서로 의지하는 관계가 아닌 대등하게 애정을 나누고, 상대가 원하는 것을 주고 포용할 수 있는 관계를 가르쳐주었다. 그리고 나는 이해심을 보이며 감싸주는 그녀에게 완전히 의존할 수밖에 없었다.

이때만 하더라도 그녀를 통해 나락에서 구원받았다고 생각했기 때문에 기분이 무척 좋았다.

지금까지 나는 어느 누구와도 잘 지낼 수 없었고, 여자 친구를 사귀어도 완벽한 교감을 나누지 못했다. 하지만 그녀만은 나의 괴로움을 이해해주는 것처럼 느껴졌다.

그녀는 지금까지 내가 겪었던 고독과 아픔을 이해하는 듯

보였다. 또한 그런 나를 사랑한다고도 말해주었다. 지금까지는 어느 누구와도 교감하지 못해 고통에 시달려왔지만, 태어나서 처음으로 나의 내면까지 사랑해주는 사람을 만났기에 그녀와의 인연을 더욱 소중히 여겼다.

하지만 고통 뒤에 찾아온 감동이라는 이름의 쾌감은 이전의 괴로움이 사라지면 더 이상 생겨나지 않는다는 것이 중요했다. 고통을 밀어내고 자리 잡았던 감동은 다음날이 되면 절절한 감정이 사라져 그저 하나의 기억에 지나지 않게 된다. 마음에 그 기억이 남아 있다고 생각할 수도 있지만, 사실 시간이 지남에 따라 점점 흐려져 실감할 수 없게 되는 것이 현실이다.

그녀와 함께 있어서 행복해야 함에도 불구하고, 다시금 나의 갈애는 서서히 고개를 내밀기 시작했다. 다시 한 번 감동과 흥분의 감정을 통해 남은 외로움을 떨쳐버리고 싶었다. 그래서인지 그녀가 정말 나의 모든 것을 받아주는지, 그녀가 싫어하는 것조차 나를 위해 받아들여줄 수 있는지 확인하고 싶은 충동이 강하게 일었다.

이렇게 지배욕이 다시 제 모습을 드러내기 시작했다. 그리고 처음에는 나타나지 않았던 숨겨진 본성까지 서서히 꿈틀대기 시작했다. 어느 정도까지 나를 받아들일 수 있는지를 확인하려고 조금씩 그녀를 시험하며 내 마음대로 행동하기 시작한 것이다.

우선 그녀가 좋아하는 음악을 일부러 듣기 싫다고 말했다. 그러고는 유치하게도 그녀가 나를 따라 그 음악을 듣지 않겠다고 대답하면 안심했다. 또 그녀에게 일부러 옷이 어울리지 않는다 말하고 그녀가 다른 옷으로 갈아입으면 기뻐했다. 이내 나는 내가 상대를 지배하고 독점하고 있다는 환상에 젖어 갔다.

돌이켜보면 이런 식으로 상대를 지배하고 자신의 색깔을 입히려고 하는 독점욕은 정도의 차이만 있을 뿐 남성이라면 누구나 갖고 있는 심리다.

일본의 고전 소설인 『겐지 이야기』의 주인공인 히카루 겐지가 어린 시절 무라사키 노우에라는 여성을 자신의 색으로 물들인 후 사랑하는 모습을 잘 생각해보면 이와 흡사하다는 것을 알 수 있다.

어느 날은 그녀에게 바람을 피워도 좋다고 말하기도 했다. 나는 엥겔스의 논리를 들어, 상대에게 바람피우지 않는 걸 요구하는 것은 상대를 소유한다는 발상에서 비롯된 것이며, 진정으로 사랑한다면 상대의 자유를 존중해주어야 한다고 말했다.

그녀가 내 말을 듣고 불만을 표하면 나는 그래도 그녀에게 사랑한다 말한 뒤 다시금 내 가치관을 들먹이며 설명을 늘어놓았다.

또 그녀가 나에게 무슨 선물을 받고 싶냐고 물어오면 묻지 말라며 짜증을 내면서도, 그녀가 내 마음에 들지 않는 선물을 사오면 그 이유로 또 화를 냈다.

그녀의 입장에서는 내가 맨날 화만 내니 당연히 미리 물어볼 수밖에 없었을 것이다. 하지만 나는 그 사실을 알고 있으면서도 그녀가 또 나에게 무엇이 갖고 싶은지를 물으면 불쾌한 기분을 드러냈다.

처음에 그녀는 내가 왜 그렇게 화를 내는지를 울면서 물어왔다. 그러면 나는 당신을 사랑하기 때문에 말하지 않아도 알아주길 바라는 것이라며 다독였다. 그 말을 들은 그녀는 불쌍하게도 내 말을 수긍하며 받아들였다.

하지만 지배욕이 강해지자, 그녀도 점차 내가 자신을 하찮게 여기는 게 아닌지 의문을 갖기 시작했다. 이윽고 그녀의 고통은 한계에 이르렀고, 이제 그녀 역시 나를 비난하고 내 이론에 관해 따지는 횟수도 점점 늘어만 갔다.

마침내는 정신적으로 불안정해진 나머지 자신을 정말로 사랑하느냐고 몇 번이고 되묻기도 했다. 그러면 나는 또다시 그 질문에 불쾌감을 드러냈다. 내 행동에서 그녀가 충분히 애정을 읽어낼 수 있다고 생각했기에, 그런 질문을 하는 것은 어리석다며 화를 낸 것이다.

그러나 냉정하게 생각해보니 그 애정이란 것을 나의 행동 어디에서 읽어내야 할지 나조차도 알 수가 없었다. 어쩌면 나는 상대를 독점하고 싶다는 감정보다, 상대방이 나에게 절대적으로 종속되길 원하는 감정이 더 컸던 것 같다. 그건 내가 어떤 사람이건 나만을 사랑해주었으면 하는, 어린 시절 내가 꿈꾸던 소망 그 자체이기도 했다.

내 감정의 기복이 커져감에 따라 그녀가 반발하는 정도도 거세졌다. 그렇게 어긋난 채 지내오던 중 어느 순간, 나는 내가 무의식적으로 그녀에게 손찌검을 하고 있다는 걸 깨닫게 되었다.

사랑하는 여자에게 폭력을 휘두른 건 이때가 처음인 터라

나 자신에게도 충격이었다. 나의 억지 주장을 그녀가 따라주지 않자 상대방을 완벽히 지배하지 못하고 있다는 생각에서 화가 나서 급기야 때리고 만 것이다.

당황스러웠다. 이때껏 폭력까지 휘두른 적은 없었는데 그녀 때문에 내가 이렇게 된 것이라는 생각이 들었다. 사실 말도 안 되는 논리였지만, 이건 나뿐만이 아니라 폭력을 휘두르는 대부분의 사람들이 주장하는 논리와 같다.

근본적인 생각의 뿌리가 그러했기 때문에, 오히려 나는 그녀를 탓했다. 너 때문에 내가 폭력을 휘두르게 된 것이라며, 더 이상 나를 이렇게 만들지 말라고 오히려 여자 친구에게 부탁을 했다. 내 말을 들은 그녀는 또다시 인정하며 오히려 미안하다고 사과를 했다.

나는 이렇게 제멋대로 행동하면서 여기저기에서 큰 쾌감을 얻을 수 있었다. 당시에는 마치 왕이라도 된 기분이었다.

그렇다. 나는 이렇게 상대방에게 상처를 주고 폭력까지 휘두르면서도 그 원인을 상대방 탓으로 돌려 상대를 마치 노예처럼 나에게 종속시키려고 했던 것이다.

내가 점차 이런 행동을 당연시하게 됨에 따라 그녀의 몸과 마음은 엉망이 되어갔고, 나는 나대로 폭력적인 충동에서 빠져나올 수 없었다. 그리고 마침내 깊은 자기혐오에 빠지고 말았다.

# 행복해질 수 없는 구조

결국 나는 그녀와 얼마 후 이혼을 하게 되었다. 하지만 우리는 이혼 후에도 함께 생활하며 1년간 만나고 헤어짐을 반복했다.

갈애가 원하는 본질은 고통과 자극 속에서 생겨나는 흥분이다. 그러나 이런 흥분은 영원히 지속되지 않는다. 마음은 무언가로 충족감을 맛보면 더 강한 자극을 원하게 된다. 때문에 항상 부족함을 느끼기 마련이다. 그리고 그 부족함 때문에 불만이 생겨나고, 결국 그런 불만은 타인을 향한 공격성으로 드러난다. 어떻게 보면 이것은 당연한 일인지도 모른다.

앞서 언급한 나의 경우는 이미 많은 커플에게 흔히 일어나는 일이기도 하다.

사귀기 전에는 관계를 잘 이어갈 수 있을까, 혹은 상대방이 싫어하는 말을 하지 않았을까 걱정을 한다. 즉 이런 초조함이 자극이 된다.

그렇지만 관계가 깊어지고 어느 정도 안정이 되면 그런 두근거림은 사라진다. 당연한 일이다. 서로 잘 지내고 있으니 긴장이나 굴곡이 없는 것이다. 그리고 그 안정적인 상태가 바로 행복이다.

하지만 반복적인 자극을 원하는 인간은 행복을 쉽게 자각하지 못한다. 오히려 그 행복을 지겹다고 느껴버린다. 이 때문에 행복해질 수가 없는 것이다. 전에는 그렇게 좋아했는데 설렘이 사라지면 자극을 느끼기 위해 다투고 결별을 선언하고, 이내 다시 화해하며 또 다른 자극을 만들어내려고 한다.

나는 화를 내고, 때리고, 사과하면서, 그녀가 나에게 다시 돌아오기를 바랐다. 그리고 화해한 뒤에는 그녀가 없는 동안 느껴야 했던 상실감만큼의 안도감과 충족감을 느꼈다.

평온함이 깨지는 순간, 바로 그 자극 안에 쾌락의 본질이 있다 생각하여 잃어버리고 다시 찾음을 반복하면서 억지로 기복을 만들어내면, 그 사람은 점점 아슬아슬한 덫에 빠지게 된다.

더불어 이렇게 자극을 통해 마음이 마비되어가는 동안 '예전에는 행복했었다'는 등의 환상에 젖어들기도 한다.

"전에는 그렇게 멋지고 예뻤는데, 지금 이 몰골이란······"이라 말하며 그녀에게 상처를 준다. 심지어 '예전의 아름다운 모습에 대한 추억을 퇴색시키지 말아달라'라는 바람마저 갖고 만다.

현실 속의 그녀는 내 머릿속에 있는 '멋진 여자 친구'의 환상을 파괴하고 있었다. 그래서 현재가 아닌, 연애 시절 내가 봤던 그대로 그녀가 다시 행동해주길 원한 것이다.

그 말을 들은 그녀는 내가 좋아하는 것은 현실의 자신이 아닌 머릿속의 환상이라며 울부짖었다. 하지만 나는 여전히 나의 모든 것을 받아줄 수 있는, 이 세상 어디에도 존재하지 않는 에텔과 같은 환상의 여인을 사랑하고 있었다. 하지만 현실 속의 그녀는 나로 인해 극도의 외로움을 느꼈다. 이렇게 나처럼 환상에 빠져 눈앞의 상대방을 탓하며 화를 내는 남자들도 분명히 있다.

태어날 때부터 여성보다 정신적으로 나약한 남성은, 망상을 통해 현실의 약점을 보완하려고 한다는 생물학적 가설도 있다. 그 진위가 어떻든 우리는 모르는 사이에 상대를 자신의 머릿속에서 그린 이상적인 이미지로 바꿔버린다. 그런 다음 상대방이 자신의 망상에 부흥해주길 원한다. 그래서 연인 사이가 아무리 좋아도 항상 이런 문제가 끊이지 않는 것이다.

이렇게 되면 결국 상대에게 만족하지 못하고 상대가 자신의 이상을 거스른다는 것에 분노하는 패턴을 반복한다. 하지만 자극에서 쾌락으로, 쾌락에서 외로움으로 이어지는 마음속 깊은 곳의 반응 패턴을 살펴보면, 그 과정에 행복이 아닌 분노와 절망만 가득하다는 것을 발견할 수 있다.

인간의 뇌는 일종의 패턴에 따라 화를 낼 준비를 미리 하는데, 화를 내려다 화를 내지 못하게 되면 일종의 '실패'로 인식하기 때문에 그 상황을 거북하게 느낀다.

이는 현대의 뇌 과학에서도 입증된 사실이다. 뇌 속 신경의 반응 패턴을 조사해보면, 외부에서 어떤 특수한 정보가 새로 입력될 때, 뇌 속에 이전부터 계속 있어왔던 일정한 패턴은 전혀 변화를 보이지 않는다. 즉 뇌는 현실 속의 상대가 어떤 상황인지와는 상관없이 이전과 같은 것을 계속 재연하는 데에만 흥미를 갖고 있다. 따라서 자신의 억지스러운 요구가 받아들여지지 않아 화를 내고 그 패턴을 정착시킬 경우, 그 상대방하고는 계속 그런 패턴을 반복하려는 경향을 띠는 것이다.

이런 강렬한 자극을 불교에서는 '수受'라고 한다.

자극은 충족되지 못할 때 가장 큰 악영향을 불러일으킨다. 내가 원하던 것은 그녀가 아니라 그녀를 통해 얻을 수 있는 '결핍과 외로움을 없애줄 자극'이었다.

이런 자극에 농락당하며 우리는 헤어지고 다시 만나기를 열 번 이상 되풀이했다. 이런 끊임없는 릴레이 속에서 어리석은 나조차도 결국은 내가 진정 원했던 것이 무엇이었는지를 깨닫게 되었다.

그녀에 대해 내가 품고 있던 분노나 외로움은 그녀의 책임이 아니었다. 그저 오래 전부터 자라온 내 마음속의 공허함이 너무 컸던 탓이다. 그런 마음 상태가 지속되면 그녀가 아닌 다른 어떤 여자를 좋아하게 되어도, 똑같이 상대방에게 상처를 주고 서로 자멸의 길로 들어설 것은 불을 보듯 뻔했다.

'갖고 싶다-부족하다-외롭다'는 연쇄 고리를 끊고 마음의 공허함을 조금이라도 줄여가야 했다. 그러지 않는 이상 그 어떤 사람과 함께해도, 어떤 멋진 사람과 만나도, 결국에는 서로를 망가뜨리고 말 것이므로.

이쯤 되자 더 이상은 어렵겠다는 생각이 들었다.

그러한 현실을 받아들이고 그녀와 헤어진 나는 그제야 마침내 진정으로 마음을 다스려야겠다는 결심을 할 수 있었다.

그녀와 확실히 결별하기로 마음을 먹자, 다시 마음속의 갈애가 나를 괴롭히기 시작했다. 하지만 그것이 '욕망으로 인한 괴로움'이라는 것을 인식한 나는 차분히 고통과 대면하기로 결심했다. 그리고 감정의 폭풍이 잠잠해지기를 기다렸다.

## 현실도피, 기묘한 놀이

결혼 생활에 관한 이야기는 이쯤 해두려고 한다. 그리고 다시 '무지'에 관한 이야기로 돌아가려고 한다.

학생운동에 발을 딛게 된 이유는 고통스러운 현실에서 벗어나고 싶다는 갈망 때문이었다. 동시에 고뇌에서 도피하고 싶다는 단순한 바람도 있었던 것 같다.

학생운동에 참여하자마자 나는 마치 내가 혁명 투사라도 된 것처럼 한껏 고양된 기분을 느꼈다. 1990년대 당시에는 어째서인지 모르겠지만 나는 학생운동이 괴로움에서 벗어나기 위한 하나의 멋진 방법이라고 생각했다.

하지만 실제로 내가 한 일은 혁명운동과는 거리가 멀었다. 단지 그런 기분을 맛보기 위해 운동을 했기 때문에, 얼마 지나지 않아 곧 흥미를 잃게 되었다. 학생운동을 통해 괴로움에서 일시적으로 달아나 잠시 잊어버릴 수는 있었지만, 괴로움이 완전히 사라지지는 않았다. 그렇기 때문에 자극이 사라진 뒤에 다시 엄습하는 공허함을 견디는 게 제일 힘들었다. 그리고 이를 잊기 위해서는 더 강력하고 새로운 자극을 계속 찾아야 했다.

학생운동을 하다 보면 욕설에 가까운 논쟁이 벌어지는데, 이런 과정에서 몸과 마음이 황폐해졌다. 또한 소동을 일으키거나 큰 소리로 노래를 부르는 등 불필요한 행동을 해야만 잠시나마 그 공허함에서 벗어날 수 있었다. 그런 일들을 반복하면 할수록 내 마음은 더더욱 생기를 잃어갔다.

그리고 어느새 나는 모르는 사람의 일에 참견하고 장난 치는 행위를 통해 새로운 자극을 얻고 있었다. 이런 행동들이 학생운동보다 더 즐거웠기 때문에 이는 곧 습관이 되었다.

어릴 때 나보다 나이 많은 무서운 형들 앞에 나가 "괴물이다!"라고 소리를 지르고 도망가는 놀이가 있었다. 그렇게 하면 화가 난 형들은 나를 뒤쫓았고, 나는 잡히지 않으려고 마음을 졸이며 도망쳤다.

어린 시절의 추억 때문이었는지 성인이 되어서도 비슷한 장난에 금세 재미를 들였다. 그래서 무의미하고 시시한 말들을 생각해낸 다음, 알지도 못하는 사람들에게 장난삼아 말을 걸곤 했다. 마치 지나가는 사람들에게 "이거 드셔 보세요!"라며 썩은 과일을 내미는 것과 같이 쓸데없는 행동이었다.

재미를 붙인 나는 점점 더 어리석은 행동을 하게 되었다. 낯선 사람에게 길을 물어보는 척하며 "스타벅스가 어디예요? 가게 안에 동물원이 있는 스타벅스가 이 동네에 있다고 들었는데……. 신기한 동물을 키우고 있다던데, 어디 있는지 아세요?"라는 식의 어이없는 질문을 던졌다.

혹은 일부러 이상한 설문지를 작성해서 신문 기자 흉내를 내며 길에서 설문 조사를 해본 적도 있다. 설문지에는 '당신은 A4용지의 가장자리와 B4용지의 가장자리 중 어느 쪽이 외설적이라고 생각합니까?'와 같은 엉터리 질문들이 적혀있었다.

뿐만 아니라 때로는 사투리를 써가면서 과격한 장난을 치기도 했다. 그러면 대부분의 사람들은 당황하면서 눈살을 찌푸린다거나 무서워하면서 달아났다.

모르는 사람이 다가와서 갑자기 이상한 질문을 하면 당연히 그런 반응을 할 것이다. 나는 그런 반응이 재미있어서 당황하는 상대에게 일부러 더 다가가서 물고 늘어지거나, 도망가는 사람의 뒷모습을 보며 비웃곤 했다. 그리고 이외에 더 노골적이고 심한 방법으로 사람들을 곤란하게 한 적도 있었다.

시간이 지나자 나는 물건을 던지는 등 직접적이고 폭력적인 방법도 쓰기 시작했다. 당한 사람들 역시 나에게 노골적으로 화를 내며 불쾌감을 내보였다. 이런 방법을 쓸 때 사람들의 반응은 거의 한결같이 적대적이었다.

하지만 이런 행위가 유달리 재미있게 느껴지지는 않았다. 재미로 하는 장난이었기 때문에 폭력을 수반하는 행동을 한 적은 거의 없었지만, 아마도 조금만 더 심하게 장난을 쳤더라면 경찰에게 체포당할 수도 있었을 것이다.

반대로 상대방을 화나게 만들다가 내가 큰 코를 다친 적도 있었다.

어느 날 시부야에서 술에 취한 덩치 큰 남자에게 심한 장난을 쳤다. 그러자 그 남자가 정색을 하더니 화를 내면서 욕설을 퍼붓기 시작했다. 자전거를 타고 있던 나는 "어차피 따라오지도 못할 텐데 알게 뭐냐, 이 멍청아!"라며 되받아쳤다.

하지만 남자는 택시를 잡아타고, 자전거를 타고 도망가는 나를 쫓아왔다. 결국 남자에게 붙들린 나는 뒤통수를 얻어맞고 길가에 넘어졌다. 내가 쓰러지자 남자는 나를 사정없이 때렸고, 결국 피를 흘리는 나를 본 지나가던 트럭 운전사가 싸움을 말려 간신히 그 위기에서 벗어날 수 있었다.

# 자극이라는
# 마약

이런 유쾌하지 않은 경험을 하고 나면 보통 질리기 마련인데도 나는 오히려 정반대가 되었다.

그 남자에게 맞고 있을 때는 당연히 아프고 고통스러웠지만 마음속에서는 나를 더 때려달라고 외쳤다. 이런 상황에 빠진 자신이 우습다는 생각과 함께, 더 심각한 상황에 빠져보았으면 하는, 터무니없는 생각도 든 것이다.

복잡한 이성 관계로 인해 문제가 생겼을 때도 곤란하다고 여기는 한편, 이런 상황이 드라마틱하고 재미있다는 생각을 하곤 했다. 마치 내가 아닌 다른 사람의 일을 구경하고 있는 것 같은 느낌이 들었다고 해야 할까. 아마도 그건 이런 일이 생겨 난처해진 기분보다는 자극을 원하는 욕구의 힘이 더 강했기 때문인 듯했다. 이렇게 나는 마치 나와는 상관없는 것처럼 무책임하게 행동하며, 나를 두근거리고 웃기게 만드는 자극을 계속 좇았다. 이런 두근거림이 고민들을 잠시나마 잊게 해주었기 때문이다.

단 그런 강한 두근거림에도 불구하고 만족감이나 충족감은 결코 얻을 수 없었다. 두근거리는 자극을 얻으려면 몸과 마음을 혹사시켜야 했다. 그럼에도 더 큰 자극을 찾는 것을 멈추고 싶지는 않았다.

이런 행동은 마약을 복용하는 것이나 마찬가지였다. 뇌는 약물에 의존하지 않더라도 마약으로 인해 굉장한 자극을 만들어낼 수 있다.

강렬하고 충격적인 자극이 들어오면 처음에는 그것에 놀라며 일순간 의식이 깨어난다. 하지만 두 번째가 되면 그 자극이 어떤 것인지를 이미 알고 있기 때문에 조금 익숙해진다. 이렇듯 반복되면 점점 효과가 줄어들기 때문에 자극의 양을 늘릴 수밖에 없게 되는 것이다.

내가 이상한 행동을 하면서 자아내려 했던 웃음은 뇌 속의 마약을 분비시키기 위한 자극이나 다름없었다. 이는 마약 중독자가 마약을 원하는 것과 똑같은 이치였다.

# 웃음 중독의 의미

 내가 쓰던 기묘한 자극 방법이 아니어도 즐겁게 웃기만 하면 스트레스는 해소될 것이다. 더 큰 웃음을 찾으려 할 수도 있다. 하지만 웃음에 중독된다는 말은 조금 이상하지 않은가?

 독자들 중에 그런 의문을 느끼는 사람이 분명 있을 것이다. 하지만 웃음의 영향에 대해서 많은 사람이 오해를 하고 있는 부분이 있다.

 웃음은 스트레스를 날려버릴 수 있을 만큼 강한 자극을 주기 때문에 충분히 중독될 수 있다. 나는 앞에서 모든 자극은 마약과 똑같다고 말한 바 있다. 아무리 재미있는 이야기라도 몇 번이고 반복해서 들으면 반드시 지겨워진다. 이처럼 무언가에 익숙해진다는 것은 마약을 복용할 때마다 그로 인한 반응에 점차 무뎌지는 것과 같다.

방긋 웃는 미소나 온화한 웃음 정도라면 중독을 염려하지 않아도 된다. 하지만 그 이상의 큰 웃음은 마약과 같은 강렬한 자극을 주기 때문에 자꾸 원하게 된다.

평소 마음이 편안한 상태라면 특별히 박장대소할 일이 없을 것이고, 웃음으로 인한 자극을 필요로 하지도 않을 것이다. 하지만 중압감이나 스트레스를 받는 상태라면 웃음이라는 자극이 절실해진다.

집단 안에서 소동을 부리거나 큰 소리로 웃는 사람은 그만큼 큰 스트레스를 받고 있다고 볼 수 있다. 웃음을 통한 자극을 원하기 때문에 소동을 부리는 것이다. 다시 말해 웃음으로 스트레스를 해소하는 것이 아니라, 스트레스를 받고 있기 때문에 웃음을 찾는 것이라 볼 수 있다.

요즘은 개그맨들이 큰 인기를 끌고 있다. 수많은 개그맨들이 새롭게 속속 등장하지만, 어느새 사람들의 시야에서 사라지기도 한다. 자꾸만 신선하고 새로운 개그를 원한다는 것은 현대 사회를 살아가는 사람들이 엄청난 스트레스에 고통받고 있다는 뜻이기도 하다.

또 카운슬러라는 전문인까지 생겨난 것을 보면 이 또한 현대인의 사회적 스트레스가 많다는 것을 반영한다고 할 수 있다. 카운슬러라는 말을 여기저기서 들을 수 있다는 것은 그만큼 마음을 치유하고 싶은 사람이 많아졌기 때문일 것이다.

모두가 근심 걱정하지 않고 편하게 살 수 있는 사회라면 카운슬러는 더 이상 필요하지 않을 것이다. 사회가 웃음을 통해 현실에서 도피하는 만큼 오히려 사회는 더 곪아간다. 웃음을 통해 지친 몸과 마음의 피로를 덜어내도 그만큼 다시 피로가 쌓이기 때문이다.

# 웃음의
# 악영향

반 친구를 괴롭히는 아이들의 표정을 상상해보면, 왠지 모르게 비웃는 듯한 표정이 떠오른다. 또 쓰러져서 반항하지 못하는 사람을 무자비하게 때리는 남자의 얼굴에서도 사악한 웃음을 찾아볼 수 있다. 이처럼 지나치게 자극적인 행동을 하는 사람의 얼굴에는 자연스럽게 불쾌한 웃음이 떠오르기 마련이다.

때때로 폭력과 웃음은 공범 관계가 아닐까 생각하기도 한다.

시대가 웃음이라는 마약을 원하는 것과 집단 따돌림 문제는 근본적으로 연결되어 있을지도 모른다.

미소나 온화한 웃음이 아닌, 자극적인 웃음 중에는 마음에 좋지 않은 영향을 끼치기 쉬운 몇 가지 종류가 있다.

첫 번째는 상대를 멸시하는 웃음이다. 박스를 뒤집어쓴 노숙자나 다른 사람의 비참한 상황을 볼 때 웃음을 흘리는 사람이 있다. 불쌍하다고 생각하는 대신 웃는다는 것은 스스로의 우월감에 자극을 받기 때문이다.

두 번째는 공격적인 웃음이 있다. 이는 상대방의 의견에 반대할 때 상대방을 깎아내리기 위한 비웃음이다.

마지막으로 부조리하거나 초현실적 상황에서 나오는 웃음을 들 수 있다. 납득하기 어려운 이상한 이야기나 이해하기 어려운 상황을 목격했을 때 나오는 독특한 웃음을 그 예로 들 수 있다.

이 세 종류의 웃음은 지금까지 설명한 번뇌의 지배를 받아서 나오는 것이다. 첫 번째는 자신보다 멍청한 사람에 대한 우월감을 느끼는 '만'에서 비롯된다. 두 번째는 '분노의 에너지'에서 발생하는 웃음이다. 그리고 마지막은 이해하기 쉽지 않지만 머릿속의 정보가 혼돈을 일으킨 상태, 즉 '무지'에 작용한 자극 때문에 생긴다. 간단히 예를 들면 아이들을 괴롭히는 아이의 웃음은 '만'과 '분노'가 복잡하게 얽혀서 형성된 웃음인 것이다.

웃음을 이렇게 단순한 형태로 분류해보긴 했지만 웃음은 전부 무지에 의해 발생한다고 할 수 있다. 혹은 여러 가지 번뇌가 섞여 왜곡된 웃음을 만들어내는 것이라고 여길 수도 있을 것이다.

# 나 자신에 대한 어필

나의 이상한 놀이로 다시 돌아가보겠다.

내 행동의 이유를 분석해보면 자극을 얻는다는 목적 뒤에 변함없이 따라오는 게 바로 '나 자신에 대한 어필'이다.

단순한 자극을 원해서 웃음을 필요로 했다면 혼자 해결할 수도 있었지만 내가 원하는 자극은 타인을 통해서만 얻을 수 있었다.

나는 친한 사람들의 일에만 간섭했다. 그들은 나의 애인, 친구, 혹은 호의를 갖고 있는 지인들이었다.

나는 그들이 나를 재미있고 즐거운 사람이라고 생각해주었으면 했다. 그들은 내가 반사회적이고 비상식적이라며 혐오감을 드러내기도 하고, 그냥 어쩔 수 없이 상대해주기도 했다.

그러나 사람들의 반응은 이렇게 다양했지만 공교롭게도 그 중에 나를 재미있다고 생각해주는 사람은 아무도 없었다.

나 역시 혐오감을 드러내는 사람들에게서 자연스럽게 거리를 두기 시작했고, 점점 나를 받아주거나 인정해주는 사람들하고만 가까워지게 되었다. 나에게 간섭을 받는 사람들 중에는 극소수지만 나를 재미있다고 생각해주는 사람들이 있어서 드물게 사이가 좋아지기도 했다. 나는 이기적인 간섭을 통해 내가 멋대로 굴어도 편하게 사귈 수 있는 사람들을 선별하고 있었던 것이다.

고등학교 때는 사람들을 웃김으로써 인정을 받으려고 발버둥을 쳤지만 그럼에도 불구하고 좀처럼 사람들과 친해질 수 없었다. 그리고 시간이 흐르면서 언제부터인가 모두에게 인정받지 않더라도 나를 알아주는 사람과 사귀면 된다고 생각을 바꾸게 되었다.

## 통제불능의 나

사람들에게 재미있는 사람이라 인정받고 싶었던 내 욕망은 커져갔다. 때문에 웃음이라는 자극을 얻기 위해 벌이던 기묘한 놀이는 점차 고질병이 되어 강도가 세지기 시작했다.

그리고 어느 순간 나는 멈추고 싶어도 그만두지 못하는 상태가 되었음을 깨닫고 말았다. 내 의지대로 조절할 수 있는 장난이라 생각했던 행동이 내가 의식하지 못하는 사이 상대조차 가리지 않고 반사적으로 튀어나오게 돼버린 것이다.

마치 심각한 마약 중독자 같았다.

문득 정신을 차리고 보니 나도 모르는 사이에 전혀 알지 못하는 사람에게 말을 걸어놓고는 "헤뇨헤뇨헤뇨"와 같은 괴상한 소리를 내며 사람들을 놀라게 하고 있었다.

무의식중에 조절 불가능한 패턴이 이미 완성되어 있었던 것이다. 길을 걸을 때 말을 걸기 쉬워 보이는 사람이 있으면, 저도 모르게 목표물로 인식하면서 몸이 자동적으로 움직였다. 그러고는 나 자신도 알 수 없는 말을 주절대기 일쑤였다.

내 여자 친구도 금세 나의 이런 상태를 눈치챘고, 그녀 역시 타인들을 보며 내가 장난을 칠 만한 사람인지 아닌지를 정확히 구분할 수 있게 되었다. 그래서인지 그녀는 내가 장난을 치고 나면 내가 그럴 것이라 예상했다고 말하곤 했다.

장난을 치지 않으려고 해도 나도 모르게 말이 나와버렸다.

더 이상 행동을 마음대로 제어할 수 없다는 것을 알고 나서 나는 소스라치게 놀랐다. 너무 슬펐지만 왠지 눈물조차 나오지 않았다. 하지만 내 고질적인 장난은 지나가는 사람들에게 농담하는 것으로 끝나지 않았다.

예를 들어 '뚱땡이'라는 말이 마음에 들면 나는 하루 종일 '뚱땡이'라는 말을 입에 달고 살았다. 여자 친구가 나를 부르면 "알았어. 뚱땡아"라고 대답했다. 내가 계속 여자 친구를 뚱땡이라고 부르자 급기야 그녀가 화를 내며 울어버린 적도 있었다.

나는 그런 모습을 보고는 때와 장소를 가려가며 장난을 쳐야겠다고 생각했지, 장난을 그만두겠다는 결심 따위는 하지 않았다. 하지만 장난을 치지 않아야 할 시간과 장소에서도 내 입에서는 이상한 말들이 계속 튀어나왔다. 장난을 쳐서는 안 될 심각한 상황에서도, 입에서 헛소리가 나오는 것을 막을 수가 없었다.

여자 친구가 심각하게 고민을 말할 때 "음, 철학자 헤겔의 사상을 참고해봤을 때 너의 고민은 땅콩을 많이 먹으면 해결될 고민이야"라며 엉뚱한 대답을 함으로써 그녀를 더욱 화나게 만들기도 했다.

멈추고 싶어도 멈출 수가 없었다. 재미로 시작한 장난이 그렇게 서서히 나 자신을 망가트리고 있었다.

쳇바퀴를 쉬지 않고 달리는 햄스터처럼 강박적으로 계속 장난을 치는 나의 모습을 알게 됐을 때, 즐겁다고 생각해왔던 일이 사실은 나 자신을 더 고통스럽게 만드는 일이라는 것을 겨우 깨달을 수 있었다.

폭력을 휘두르는 내 모습을 발견했을 당시 나는 큰 충격을 받았다. 그리고 자신을 혐오하게 되었다. 하지만 웃음에 관해서는 그리 심각하게 생각하지 않았다. 오히려 웃음을 나의 정체성 중 하나로 여기고 긍정적으로 받아들였다. 그렇기 때문에 새로운 깨달음으로 인한 충격은 더 컸다.

그 무렵 나는 대학을 졸업하고 승려가 되어 있었다. 그리고 그때까지 품어왔던 고뇌와 직업에 대한 고민이 함께 어우러져 심한 좌절감에 빠져 있는 상태였다.

그것 때문이었는지도 모른다. 아무리 재미있을 것 같은 장난을 쳐도 나는 내가 장난을 치고 있다는 사실을 의식하지조차 못했다. 이윽고 그만두려고 결심을 했을 때, 비로소 내가 시종일관 이상한 장난을 쳐왔다는 사실을 깨달을 수 있었다.

그만두기로 결심하기 전에는 자각조차 하지 못했기 때문에 제어할 수가 없었다. 가장 친한 친구 중의 하나는 내가 평생 이런 장난을 그만두지 못할 거라고 단정하기도 했다.

어떻게든 이런 행동을 중단하고 싶었다. 적어도 나 자신을 제제할 수 있게 되기를 간절히 바랐다. 조절할 수 없는 충동 때문에 인간관계에도 크고 작은 문제들이 자꾸만 생겨났다.

유소년 시절부터 나를 괴롭히던 '만'은 이미 한계에 다다르고 있었다. 이 일을 계기로 나는 그때까지 억지로 해오던 좌선 명상에 본격적으로 빠져들기 시작했다.

결혼을 통해 알게 된 '분노의 번뇌'에 농락당했던 추한 나.

마음속에 커다란 '갈애'라는 구멍을 안고 살던 나.

장난을 멈출 수 없던 어리석고 한심한 나.

이런 나를 통제하기 위한 수행을 본격적으로 시작한 것이다.

**제4장**

# 자기 통제

수행으로
다시 태어난 나

# 좌선 명상과의
# 만남

아버지에게 불교의 좌선 명상법을 배운 것은 대학교 시절, 방탕하게 생활했던 첫 학기에 낙제를 받았을 때였다. 그때 나는 아버지가 나를 잘못 키웠다며 한탄할 정도로 심각한 상태였다. 내가 결혼 후 이혼을 했을 때에도 부모님은 많이 힘들어했다. 그럼에도 나는 부모님이 내 이혼에 관해 한 마디라도 언급하면 거칠게 화를 내며 심한 말을 퍼붓고는 했다.

이따금 고향에 갔을 때나 부모님과 전화를 할 때, 혹시라도 부모님이 나를 타이르면 화가 치밀어 소리를 질러댔기 때문에 부모님과의 대화는 언제나 다툼으로 이어졌다.

특히 아버지와는 꽤 많이 싸웠다. 속으로는 강한 아버지를 무서워하며, 속된 말로 잔뜩 쫄아 있었지만 겉으로는 센 척하며 아버지에 맞서곤 했다. 다행히 아버지와 폭력을 휘두르는 사태까지 가지는 않았다.

하지만 나는 비열하게도 어머니에게는 항상 폭력을 가했다. 어머니에게 죽어버리라고 소리를 지르며 물건을 던지고 위협하는 것은 물론, 직접적으로 밀친 적도 몇 번이나 있었다.

어머니는 자식에게 이런 대우를 받는 것이 너무 분하고 슬펐을 것이다. 어머니가 눈물을 참으며 신음하던 모습이 아직도 생생히 기억난다.

이런 한계 상황이었으니 부모님은 나를 위험한 존재라고 생각했을 것이다. 언제 어떻게 흥분해서 일을 저지를지 몰랐기 때문이다. 결국 어머니와 나는 서로 미워하고 비난하는 관계가 되어버렸다. 한때는 어머니에게 사랑받기를 원했지만, 이제는 서로 만나기만 하면 부딪히는 사이가 되고 말았다.

당시 어머니는 항상 반 정도 정신이 나간 듯 무언가를 중얼거리며 화가 나 있는 듯한 모습을 보였다. 가족 관계가 점점 최악으로 치닫자 어느 날 여름, 아버지가 이렇게 말했다.

"네가 계속 변하지 않는다면 정말 큰일이 날 것이다. 명상하는 법을 알려 줄 테니 일주일만이라도 해보도록 해라."

당시 나는 반항적인데다 아버지가 하고 있던 원시 불교의 명상이 사이비 종교 같다는 편견을 갖고 있어서 싫다고 거절했다.

이에 아버지는 해보지도 않고 비판만 하지 말라며 딱 일주일만 해보자고 다시 권했다. 사실 아버지는 굉장한 다혈질에 엄마와 나에게 폭력을 휘두르기도 하는 사람이었다. 하지만 그 무렵의 아버지는 예전과 달리 매우 온화하고 언동이 부드러워지고 있었다.

아버지가 정신적으로 성장한 것처럼 보였기 때문에, 불교 명상이 이상하다는 편견을 갖고 있으면서도 아버지의 명상법이 괜찮은 방법인지도 모르겠다는 막연한 생각이 들었다. 호기심과 반항심 사이에서 갈등하던 나는 결국 직접 확인해보기로 했다. 어차피 이성 관계와 가족 관계가 모두 최악으로 치닫고 있었기에 고통에서 벗어나기 위해서는 무엇이라도 시도해야만 했다.

결론적으로, 그 일주일 간의 좌선 명상은 방탕하고 몹시 흐트러져 있던 마음을 상당 부분 진정시켜주었다. 명상을 하며 조용히 먼발치에서 그때까지의 고민들을 응시해보니 점차 그것들이 사그라져가는 것을 경험할 수 있었다.

그리고 이로 인해 내 인생에 조용한 파문이 일기 시작했다.

지금까지 나는 나 자신을 통제하지 못했고 오히려 감정의 지배를 받으며 마음의 병을 계속 키워왔다. 그런데 내 감정을 객관적으로 바라보면, 그것들이 나를 지배하는 대신 사라질 수도 있다는 것을 처음으로 느낀 것이다.

그 후 명상 연습을 계속하며 나는 긍정적인 방향으로 새롭게 태어날 수 있었다. 그 일주일 간의 연습이 나에게 확신을 주었다.

그리고 나는 명상이 나를 통제할 수 있는 가장 좋은 방법이며, 나를 변화시키기 위해서는 수행이 필요하다는 것을 확신했다. 또한 바로 이런 마음을 통제하는 기술이 불교, 그 자체라는 것을 마침내 깨달았다.

그럼에도 불구하고 좌선 명상에 대한 의욕이 유지되지 못하고 커졌다가 작아지며 변화를 반복했던 탓에 본격적으로 명상에 빠져들지는 못했다. 아침에 일어난 뒤, 혹은 자기 전에 조금씩 명상을 하는 정도였다. 물론 이렇게라도 명상을 하다 보니 마음이 안정되어갔지만 결국 얼마 가지 않아 중도에 포기해버렸다.

그 후 2~3개월 정도 명상을 쉬자 마음이 다시 혼란스러워졌다. 그럴 때마다 다시 명상을 시작했지만, 어느 순간 그만두고 수행하는 것을 또다시 까맣게 잊어버렸다. 이렇게 흐지부지한 상태가 계속되었다.

그러다 본격적으로 좌선 명상을 하기로 결심하고 수행에 들어간 것은 내가 운영하는 '가출 카페'를 그만둔 뒤부터였다.

## 가출 카페의 모순

가출 카페는 내가 절에서 일하던 시절, 절의 본당이나 카페를 빌려 하던 이벤트에서부터 시작되었다. 사람이 빡빡한 일상에서 벗어나 일시적으로 '가출'해 기분 전환을 한다는 취지로 만든 것이다. 이 이벤트에 많은 사람이 몰리는 것을 보고 이를 위한 특별한 공간을 만들어야겠다는 생각이 들었다.

그래서 세타가야 역 근처에 있는 건물을 개조해 가출 카페를 열고, 그 공간이 하나의 사찰도 될 수 있다는 의미로 '쓰키요미 사'라고 이름 붙였다.

나는 거기에서 한가할 때는 좌선 명상을 하고, 손님이 오면

차나 디저트, 혹은 간단한 요리를 제공했다. 그리고 방문하는 손님의 이야기를 들어주거나 고민을 상담해주었다.

하지만 지금 생각해보면 그건 대의명분일 뿐이고, 나는 불교에서 좋은 의도로 카페를 운영한다는 참신함을 사람들에게 보여주고 싶었던 것 같다. 이는 손님들의 고민 상담을 해주면서 그들에게 도움을 줄 수 있다는 것을 경험했기 때문이기도 했다.

또한 사람들을 위해서라고 말은 하지만 결국 사람을 지배하고 싶다는 욕망과 내가 훌륭한 사람이라는 기분을 만끽하고자 했던 바람이 가장 중요한 이유라고 할 수 있었다. 이렇게 보니 나 자신이 참 한심했다는 생각이 든다.

지금도 가끔 상담에 응하지만 좋은 조언을 해주어 기쁘다거나 조언을 잘 못해주어 슬프다거나 하지는 않는다. 하지만 당시에는 내 가치를 높이려는 욕구가 여전히 강해서 좋은 조언을 해주면 기분이 한껏 들뜨고, 좋은 조언이 생각나지 않으면 왠지 내 가치가 떨어진 듯한 기분이 들었다. 그래서 세 시간 정도 상담을 했는데도 좋은 해결책을 찾지 못하면 분에 못 이겨 안절부절못하곤 했다.

나는 나의 조언에 상대가 반응하는지, 혹은 내 조언이 적절한지 아닌지에 관한 것만 신경 썼다. 마음속에 오직 '내가 상담을 해준다'는 인상만 강하게 박혀 있어서, 이야기를 듣는 도중에 상대방이 무슨 얘기를 했는지 잊어버리기도 했다. 또한 상대방이 하고 싶은 말이 무엇인지를 파악하지 못하는 경우도 있었다.

그럴 때는 '대체 내가 지금 뭘 하고 있는 건가' 하는 생각이 들었다. 이런 긍정적인 활동조차도 '만'의 번뇌에 농락당하고 있었던 것이다. 결국 가출은 말뿐, 사실은 집(공간) 안에 틀어박혀 있었다는 것을 깨닫고는 곧 가출 카페를 임시 폐쇄하기로 결정했다.

거기에는 또 다른 이유도 있었다. 가출 카페를 시작했을 때는 절에서 일하고 있었다. 하지만 가출 카페를 하나의 가계로서 꾸려나가게 되었을 때 나는 이미 절을 나와 있었다. 단 생계를 잇기 위해 장례 행사에 나가 일을 할 수 있도록 등록만 해두었다.

도쿄, 나고야, 혹은 오사카와 같은 대도시에는 보리사菩提寺(조상 대대로 위패를 안치하여 명복을 비는 절)가 없는 사람들이 많

있다. 그래서 이런 사람들을 대상으로 한 장례 회사나 병원, 승려들을 도와 장례식 준비를 도와주는 업체가 많다. 내가 등록한 곳은 한 스님이 운영하던 업체였는데, 그 스님이 속한 종파가 아닌, 다른 종파의 예식 때는 나처럼 업체에 등록된 승려에게 일이 돌아오도록 되어 있었다. 그리고 보시가 적어 큰 절에서 떠맡기 싫어하는 장례식이나 범죄자의 장례식이 주로 나와 같은 하급 승려에게 돌아왔다. 하지만 그마저도 중개업자의 마진으로 반 정도 떼이다 보니 일반 장례식보다 훨씬 수입이 적었다. 그래서 나처럼 돈이 궁한 승려나 일반 가정에서 출가한 승려들이 그런 업체에 등록하는 경우가 많았다.

불교 행사의 경우 한 번에 1만~2만 엔 정도 받을 수 있지만 장례식은 5만~6만 엔 정도를 받을 수 있었다. 하지만 거기에는 모순이 있었다. 불교식 장례식이 죽은 사람을 애도하는 방법이라는 의식이 있기는 했지만 나는 이를 본래의 불교 방침과는 전혀 다르다고 생각했다.

지금은 이렇게 장례식이나 불교 행사에서 벗어나 명상 지도를 업으로 삼으며 책을 집필하고 있지만, 그 당시 나는 생계를 위해 파견 승려처럼 일을 하고 있었다. 이 때문에 전혀 자긍심을 가질 수 없었다.

왠지 떳떳하지 못한 기분이 들어 일하러 간 곳에서 더 열심히 경전을 읽고 설법을 했지만, 신경을 너무 곤두세우고 일한 탓인지 피로만 쌓여갔다. 정신적인 스트레스가 심해져서 한번 일을 하고 돌아오면 녹초가 되어 집에 오자마자 뻗어버리는 나날이 계속되었다.

같은 시기, 가출 카페는 이익을 내기는커녕 오히려 적자만 나는 상태였기 때문에 전기 요금과 재료비, 비품 등은 그런 행사에서 받은 돈으로 충당할 수밖에 없었다.

'돈이나 명예와 같은 사회적 가치관을 잊어버리고 가출하세요'라는 콘셉트의 가출 카페가, 장례식에 나가서 번 돈으로 운영되고 있었던 것이다. 이런 가출 카페는 모순덩어리였기 때문에 나는 그것을 보고만 있을 수가 없었다.

그 무렵에는 명상을 독습한 지 4년여가 경과해 의식을 깨우는 일이 전보다 수월한 상태였다. 불교의 명상법에는 여러 가지 종류가 있는데, 나는 그때까지 다음과 같은 명상법을 사용하고 있었다.

배를 부풀리고 수축시키는 것을 '부풀림'과 '수축'이라고 이름 붙이고, 불안할 때는 '불안', 소리가 들릴 때는 '소리가 난다' 내지는 '소리'라고 했다.

이러한 방식으로 모든 신체 현상과 심리 현상을 객관화시킨다. 나중에 안 사실이지만, 이런 방식은 20세기 중반 미얀마의 고승인 마하시라는 사람이 이미 고안한 방법이라고 한다.

이 방법은 나에게도 큰 효과가 있었다. 그래서 인간관계 때문에 마음이 심란해질 때마다 그 자리에서 바로 나를 객관화시켜보았고, 마침내는 마음을 안정시키는 데 큰 도움을 받았다.

그러나 아무리 명상을 해도 명상 서적에 쓰여있는 대로, 모든 신체 감각이 섬세하게 느껴지며 감각이 일순간에 생겼다가 사라지는 느낌은 느낄 수 없었다. 또한 마음의 세세한 변화를 느낄 수 있다는 현상은 일어나지 않았다.

그때까지 나는 고대 불교의 좌선 방법이 이것 하나밖에 없다고 생각했다. 그러던 중 '붓다다사'라는, 태국의 스님이 쓴 『붓다의 호흡』이라는 책을 읽고, 호흡에 의식을 집중시키는 좌선 방법을 알게 되었다.

거기에는 정신을 집중시키고 스스로를 관찰하는 방법이 16단계에 걸쳐 간결하게 기재되어 있다. 이 방법에 몰두해보면 곧바로 "이거야!"라고 실감할 수 있게 된다. 작고 가냘픈 호흡을 가만히 느껴보면 마음속 깊이 고요함이 느껴져 떠오르는 상념으로부터 거리를 두고 바라볼 수 있다. 그 즈음 나는 그 책 한 권과 나만의 호흡법을 통해 오로지 좌선 명상만을 계속해나갔다.

# 수행하자 사라진
# 나쁜 버릇들

마치 고질병처럼 존재해온 모르는 사람들에게 이상한 농담을 하며 참견하던 행동은 수행을 하는 동안 완전히 사라져 있었다.

수행을 막 시작했을 때는 무의식적으로 그런 나쁜 장난이 자꾸 튀어나와 중단할 수 없을 것이라고 생각했다. 하지만 어느 순간부터 내가 말을 꺼내기 전에 먼저 생각을 한다는 것을 알았다.

대본, 혹은 TV 자막에 비유해서 말하면 이해하기가 쉬울지 모르겠다. 마치 대본처럼 어떤 사람에게 어떤 말을 하라는 지시가 머릿속을 스쳐가는 것이다.

예전의 나는 머릿속에서 대본이 주어짐과 동시에 말을 내뱉었다. 그리고 말을 내뱉은 후에야 내가 무슨 말을 했는지 알아차리는 것이다. 그래서 의미가 불분명한 말들을 반사적으로 내뱉곤 했다. 그런데 이제는 내가 어떤 말을 하려고 하는지 먼저 생각할 수 있게 된 것이다. 그렇게 내가 이상한 말을 내뱉으려 한다는 것을 인식하면 그 말을 하지 않도록 조절할 수 있었다.

머릿속에 대본이 주어지는 상황은 일반적인 의사소통에서도 똑같이 일어났다. 말하기 직전에 머릿속에서 대본이 주어지면 잠시 뜸을 들인 다음 말을 꺼냈다. 사람들은 보통 말하기 전에 머릿속으로 그 말을 할까 말까 망설이거나, 논리적인지 아닌지를 곰곰이 생각한다. 이렇게 사람들은 대부분 머릿속에 대본을 갖고 있다. 하지만 아무런 망설임도 없이 말이 먼저 튀어나오는 건 머릿속의 대본이 없거나 받자마자 말부터 하는 경우다.

당시 나는 자극이 필요했기 때문에 욕망이 언어로 표현되려 하면 머리를 쓰려고도 하지 않고 말부터 내뱉었다. 하지만 숨겨진 대본이 보이기 시작하자 말을 하기 전에 생각을 하게 되었고, 나오는 대로 그냥 말을 하고 싶은 충동을 누를 수 있었다. 그리고 점차 생각 없이 말을 내뱉는 횟수가 줄어들게 되었다.

기치조지에서 버스를 탔을 때의 일이다.

나는 버스에 올라타며 운전사에게 무의식적으로 "이 버스가 돼지 고릴라 3번가에 가나요?"라고 물어봤다. 그러자 운전사는 황당한 얼굴로 심각하게 생각에 잠겼다.

그때는 내가 저지르는 장난의 횟수가 원래의 3분의 1쯤으로 줄었을 때였다. 그때도 머릿속에서 대본이 미리 보였지만, 그냥 말해버리라는 유혹에 넘어가 그런 괴상한 질문을 하고 만 것이었다.

나는 얌전히 버스 뒤쪽에 가서 앉았다. 그것으로 모든 일이 끝난 줄 알았다. 그런데 잠시 후 운전사가 뒤를 돌아보며 "저기요, 아까 어디 3번가라고 하셨죠?"라고 물어보는 것이 아닌가.

당시 나와 함께 있던 여자 친구가 "거봐, 너 때문에 아저씨가 난처해졌잖아"라며 팔로 나를 툭툭 쳤다. 나는 기묘한 수치심을 느끼고 후회를 했다. 수행하는 사람이 이런 행동을 하다니 한심스러웠다. 성실한 시민을 엉뚱한 말장난으로 신경 쓰이고 난처하게 만든 것이다.

참을 수 없어진 나는 "죄송합니다. 그냥 장난친 거니까 신경 쓰지 마세요"라고 운전사에게 사과를 했다. 그리고 머릿속의 대본을 미리 보고도 한심한 농담을 해서 사람을 곤란하게 만드는 짓은 더 이상 하지 말아야겠다고 다시금 마음속 깊이 새겼다.

이 사건은 나의 자기 관찰을 더욱 강화하는 계기가 되었다. 사람들 일에 참견하고 무의미한 장난을 치는 버릇이 이 사건을 끝으로 거의 사라지게 된 것이다.

물론 그 후에도 머릿속에 그런 엉뚱한 말들이 떠오르는 일은 빈번하게 일어났다. 대신 머릿속 대본을 읽고 나서 그것을 말로 내뱉기까지의 시간이 점점 길어지자 대본을 체크할 기회가 많아졌다. 그러는 과정을 겪고 수행을 통해 마음을 들여다보는 습관을 들이면서 결국 고질적인 악습관도 고칠 수 있었다.

# 무의식에
# 명령받다

내가 버스에서 운전사에게 '돼지 고릴라 3번가'라는 말을 던졌을 때 사실 내 마음속에는 '헤케케케', '포뇨뇨', '게리 쿠퍼' 등의 말도 안 되는 말들, 그리고 '다 죽어버려!', '세상아, 멸망해버려라!'와 같은 공격적인 말들, 그리고 '나는 한심해', '사라져버리고 싶다'는 말 등, 여러 가지가 뒤죽박죽 섞여 있었다. 그런 많은 내용이 혼잡하게 들어 있는 대본 속에서 '돼지 고릴라 3번가'가 선택되면, 그 말 이외의 다른 말은 아예 떠오르지 않게 된다.

그리고 그렇게 머릿속에 떠오른 말이 입을 통해 나오기까지의 시간이 짧으면 짧을수록 스스로 이상하다는 것을 눈치채기가 더 힘들어진다. 하지만 내가 내뱉을 말이 수많은 부정적인 말 중 하나에 지나지 않는다는 것을 깨달으면, 그 말의 필요성을 다시 고려하여 말을 내뱉기까지 시간을 끌 수 있게 된다.

결국 내가 하는 모든 언동은 나의 머릿속 대본에 의한 것으로, 나는 단지 그 대본을 읽고 연기하는 것에 지나지 않았다.

이것이 불교에서 말하는 '무아無我'라고 할 수 있다. '아', 즉 내가 말하고 행동하는 것 같지만, 실은 무의식의 명령에 따르는 것일 뿐이다. 따라서 이는 부자유스러울 수밖에 없다.

하지만 우리는 그 부자유를 체감하지 못하고 우리가 자유의지로 말을 하고 있다고 착각한다. 그리고 자신이 한 말에 집착한다.

흥미롭게도 뇌 과학자들이 이런 현상을 뒷받침할 만한 학설을 속속 내놓고 있다. 인간은 자신들이 자각하지 못하는 뇌의 일부분이 '이렇게 하시오'라고 명령을 내린 후에야 '아, 내가 이런 행동을 하려고 하는구나'라고 자각하게 된다는 것이다.

하지만 인간은 자신이 명령을 받고 있는 노예와 같은 존재라고 생각되면 거부감을 일으킨다. 그러면 명령에 따르지 않을 수도 있으므로 그것이 자신의 의사라고 착각한 채 지낸다. 사실은 나중에 알게 되기도 하지만, 결국 자신이 결정해서 행동한 것이라고 인식해버리는 것이다.

이렇게 자신이 뇌의 시스템을 따르고 있다는 것을 모르고 제 의사대로 행동하고 있다고 착각하는 상태가 바로 '아'의 본질이라고 할 수 있다. 하지만 우리의 언행이 머릿속의 대본에 의해 결정된 것일 뿐이라는 사실을 알고 나면, 자신이 하려는 행동이 뇌에서 생긴 일정한 흐름 중 하나의 과정에 불과하다는 것을 알 수 있게 된다. 그리고 거기에는 '아'가 없다는 것을 깨닫는다. 그것이 바로 '무아'이다.

주어진 명령의 내용을 빨리 눈치챌 수 있다면 프로세스의 흐름을 조작하기가 더욱 쉬워진다. 그리고 가능한 한 빨리 명령을 읽어내면 그것을 실행할 것인지 말 것인지를 신속하게 결정할 수가 있다.

그렇게 나는 좌선을 통해 자기 관찰을 하며 나를 무아지경에 빠지게 만드는 명령을 점차 통제해나갔다.

# 광기에 대한
# 동경

사실 이상한 말을 내뱉던 시절, 나는 그런 행위가 무척 즐거웠다. 물론 그때는 내 머릿속의 대본을 체크할 여유 따위는 없다. 대본을 체크하지 못하는 이유는 앞에서 설명한 '무지'의 상태였기 때문이라고 할 수 있다. 그런 말은 '하면 안 된다'고 생각하는 것은 이미 자신의 대본을 먼저 눈치채고 있을 가능성이 압도적으로 높다는 뜻이다.

'돼지 고릴라 3번가'라는 말이 튀어나왔을 때 머릿속으로는 이런 이상한 말을 하면 안 된다고 생각했다. 당시에는 가치관이 변하던 중이었기 때문에 다행히 나는 그런 말을 내뱉는 게 잘못된 것이라고 인식할 수 있었다. 그리고 점차 머릿속의 대본에서 생성되는 이상한 명령을 무시할 수 있는 상태에까지 다다르니 떠오르는 대본의 내용 자체가 줄어들었다. 그 전까지 대본이 시키는 대로 하던 것을 내 의지로 바꾸고 나자 마음이 안정되며 혼란스러운 정보들이 사라지게 된 것이다.

　데이터를 처리할 때 어떤 특정 정보를 반복적으로 무시하면 머릿속에 이 과정이 각인된다. 그리고 이처럼 좋지 않은 명령이나 정보를 자꾸 무시하다 보면, 뒤죽박죽 섞여 있던 좋지 않은 데이터는 점점 줄어들고, 자신이 선택한 정상적이고 올바른 데이터가 입력되어 축적되기 시작한다.

　그것들도 물론 무작위의 대본을 통해 나온다는 사실에는 변함이 없지만, 좋지 않은 말 자체가 줄기 때문에 '돼지 고릴라'와 같은 괴상한 말이 튀어나오는 횟수 역시 줄어든다.

　이렇게 나쁜 데이터를 줄이고 좋은 데이터를 늘리는 것이야말로 선업을 쌓는 데 필수적이라고 할 수 있다. 나쁜 명령의 비율이 줄면 좋지 않은 말을 내뱉었을 때 더 두드러진다. 마음속에 떠오르는 좋은 말들 속에 '돼지 고릴라'와 같은 이상한 말이 섞여 있으면 눈에 확 들어올 수밖에 없기 때문이다.

예전의 내 머릿속에는 '헤케케', '부비부비', '오뽀뽀뽀'와 같은 의미를 알 수 없는 말들이 홍수처럼 머릿속에 가득 차 있었다. 그래서 그 속에 '돼지 고릴라'가 하나쯤 섞여 있어도 이상함을 느낄 수 없었다.

술을 마시지 않는 사람은 술을 한 모금만 마셔도 평소와 다른 이상한 것이 몸에 들어왔기 때문에 몸이 금방 눈치를 챈다. 하지만 항상 술에 취해 있는 사람은 술을 한 잔 더 마신다고 해서 새로운 술이 들어왔다는 것을 몸이 쉽게 자각할 수 있을 리가 없다. 바로 이와 같은 이치인 것이다.

좋은 방향으로 변화가 진행되면 될수록 개선은 더 빨라진다. 반대로 대본에 나오는 나쁜 말들을 계속한다면 이 또한 좋지 않은 방향으로 가속도가 붙는다. 나쁜 습관으로 생기는 비정상적인 자극을 계속 느껴왔기 때문에, 나중에는 이상한 대본이 주어지더라도 의문을 느끼지 못하는 것이다. 이것은 머릿속에 떠오르는 말의 좋고 나쁨을 자동으로 판단하는 기능이 제 역할을 하지 못하게 되었다는 뜻이기도 하다. 그러면 결국 대본에 나오는 이상한 말을 그대로 내뱉고 마는 것이다.

길을 다니다 보면 혼자 이해할 수 없는 말을 중얼거리는 사람을 가끔씩 볼 수 있다. 그런 사람들은 대본이 시키는 대로 행동하는 사람일 확률이 높다. 그리고 그런 단계에까지 이르렀다는 것은 이미 습관이 그 상태로 굳어졌다는 것을 의미하므로, 외부에서 아무리 새로운 피드백이 들어와도 좀처럼 그 상태를 변화시키기 어렵다.

지금 생각해보면 나도 그런 상태에 가까웠던 것 같다. 아니, 오히려 그렇게 되고 싶었을지도 모른다. 광기에 대한 일종의 동경이라고 해야 할까? 아니, 비합리적인 것을 멋지다고 여긴 것일 수도 있다.

사회를 파괴하고 싶다는 소망이 충족되지 않으면 사람은 자신을 파괴할 수밖에 없다. 그렇기 때문에 더더욱 잘못된 자기 자신을 변화시켜야 한다는 것을 당시의 나는 깨닫지 못했다.

# 변하고 싶다는 의지

사람은 변하기로 결심했을 때에야 비로소 자기 자신을 들여다볼 수 있다. 자신의 마음 상태를 조절하려고 의식적으로 노력하지 않으면, 제 의지로 마음을 통제할 수 있을지 여부조차 알지 못한다.

사람들은 보통 자신의 욕구나 분노를 억제하려고만 하지는 않는다. 사실 통제할 수 있다고 생각하는 것 자체가 착각이다. 그게 바로 '무지'한 '아'의 모습인 것이다.

실제로 우리를 지배하는 것은 무의식 속에 있는 무작위 정보이자 DNA의 명령이다. 우리가 평소 알고 있는 '의식'은 막대한 정보를 처리하면서, 가장 마지막 역할을 하는 작은 종잇조각에 불과하다.

좌선 명상은 자신의 마음을 효과적으로 바라볼 수 있는 좋은 기법 중 하나다. 이를 통해 우리는 머릿속의 대본과 그로 인해 일어나는 착각에 어떤 것들이 있는지 깨달을 수 있다.

역으로 말하면 이렇다. 인간이 스스로를 향해 강한 의지를 갖는다는 것은 자신의 뜻대로 행해온 자취를 다시 한 번 살펴보고 거기에서 필요 없는 요소를 잘라낼 수 있게 되는 것을 말한다. 떨쳐버리는 것까지는 못하더라도, 그것을 다른 것으로 바꿔보면 어떨지 진지하게 고민해보는 것도 비슷한 의미라 볼 수 있다.

예를 들어 "술을 끊고 싶어도 끊을 수 없다"고 말하면서 왜 끊을 수 없는지 원인을 분석하려 하는 노력이 그에 해당한다. 자신의 마음과 마주하고 자신이 어떤 행동을 하고 있는지 바로 깨달으려는 것이다.

내 의지는 무엇일까? 그것이 정말로 나의 의지일까?

이 모든 의문은 자기 관찰에서 시작된다고 해도 좋을 것이다.

좌선을 통해 자신을 관찰하고 마음을 들여다보면 대본에 쓰여 있는 이상한 언행을 줄일 수 있다. 그리고 점점 자신의 마음을 통제할 수 있게 되므로, 괴상한 말이 무심코 튀어나오더라도 금방 눈치를 챌 수 있다. 그러면 점차 좋지 않은 말을 내뱉는 악취미를 끊을 수 있게 된다.

그만두고 싶어도 멈출 수 없었던 시절에는, 아무리 수행을 해도 그런 행동을 고칠 수 없을 것이라며 자포자기했다. 하지만 자신을 관찰하는 힘을 기르기 시작하면서 마음을 다스리는 것이 가능해지고 이내 고질적인 버릇도 고칠 수 있게 되었다.

솔직히 말하면 지금도 가끔 이상한 말들이 갑자기 머릿속에 떠오를 때가 있다. 하지만 '그건 머릿속에 있는 대본 때문이야'라고 침착하게 생각하면 이내 그런 말들이 사라져버린다. 그러고 나서 괴상한 말로 인한 문제는 더 이상 일어나지 않게 되었다.

그렇게 '만'으로 인한 공허함과 고통은 꽁꽁 얼어 있던 얼음이 조금씩 녹아내리는 것처럼 사라져갔다.

사람들에게 인정받고 싶다는 기분, 혹은 내가 제대로 평가받고 있지 못한다는 감정은 마음을 무겁게 만든다. 하지만 '만'

이 자신에게 잘못된 명령을 내린다는 것을 깨닫고 그러한 감정과 침착하게 마주하면, 저도 인식하지 못하는 사이 잘못된 충동은 흔적도 없이 사라질 것이다.

# 본격적인
# 수행 생활

이렇게 자신의 마음을 깊이 들여다볼수록 수행에 대한 의욕은 높아졌다. 그래서 나는 가출 카페를 일단 휴업하고 본격적인 수행에 들어갔다.

나도 모르는 사이에 애정을 가지고 운영하던 카페에서 손을 떼려 하니 마치 연인과 이별하듯 미련이 남았다. 하지만 일단 수행에 전념하기 시작하자, 지금까지 집착에 써왔던 에너지를 전부 좌선 명상에 쏟아부을 수 있었다. 이는 오히려 수행 정진에 더 큰 힘이 되었다.

수행이라고는 해도 특별히 어딘가에 틀어박혀서 하는 것은 아니었다. 도쿄의 아파트나 고향, 야마구치에 있는 절, 태국이나 교토 등 여러 곳을 돌아다니며 호흡 명상과 좌선을 할 뿐이었다. 이렇게 잠을 잘 때 이외에는 좌선밖에 하지 않는 생활이 거의 1년 반 정도 이어졌다.

수행 생활을 시작하고 2개월쯤 되었을 때 처음으로 삼매三昧(잡념을 떠나서 오직 하나의 대상에만 정신을 집중하는 경지)나 선정禪定(한마음으로 사물을 생각하여 마음이 하나의 경지에 정지하여 흐트러짐이 없음)이라 불리는 상태에 빠지게 되었다.

의식과 호흡이 하나가 되면 호흡 이외의 모든 감각이 사라져버릴 정도로 마음을 맑게 할 수 있다. 다른 어떤 것에도 신경을 쓰지 않으면 신체는 희열과 안락감으로 충만해진다. 의식이 강하게 집중되는 상태다.

초겨울 무렵의 일이다. 의식을 집중하는 상태가 길어지자 온몸의 감각이 사라지는 것과 동시에, 호흡이 마치 슬로 모션처럼 느리게 변하는 것을 느낄 수 있었다.

의식은 보통 빠른 속도로 이동하기 때문에 모든 것이 일정한 속도로 변한다고 느끼게 된다. 하지만 선정에 가까운 집중 상태가 되면, 오직 의식이 향한 그 대상만을 먼저 느낀 후 그보다 세세한 감각 속으로 더 깊숙이 들어가 마치 슬로 모션처럼 느껴진다.

예를 들어 몸 안에서 일어나는 '찌릿'한 감각이 상당히 느리면서 섬세하게 느껴지는 것이다. 또한 신장에 의식을 집중시키면 신장의 감각이 하나하나 생생하게 느껴진다. 하지만 이런 느낌은 곧바로 사라진다. 그리고 또 다른 장소에서 새로운 감각이 생기고, 또다시 사라진다.

몸 안의 여기저기에서 섬세한 변화가 끊임없이 생겼다가 사라지는 것을 느끼며, '무상=순간순간'의 변화를 체감할 수 있게 된다.

또 신체 내부에서는 전자 에너지 같은 것이 관통하는 듯한 감각이 머리 위에서부터 찌릿찌릿 들어왔다가 나가기도 한다. 때문에 눈을 감고 있어도 외부에 있는 것을 관통해서 볼 수 있고, 기억의 흐름을 볼 수도 있다.

선정의 상태에서 깨어나서 곧바로 명상을 시작하면 걷는 속도가 보통 때보다 네 배 빨라진다. 그래서인지 지면을 밟고 있다기보다 하늘을 날고 있는 것처럼 느껴질 때가 있다.

당시 나는 아직 선정이라는 상태에 쉽게 빠질 수 없었기 때문에 일종의 초월된 능력을 더 높이는 것에 열중했다. 마음의 관찰은 뒤로 하고 집중력의 힘을 늘리는 데에만 힘을 쏟았던 것이다.

어느 날은 마치 전기 에너지로 몸을 충전한 것 같은 상태가 되었다. 어딘가로 끌려가듯 엄청난 속도로 몇 시간을 걸어도 전혀 피곤하지 않기도 했다.

앞서 말했듯이 강한 집중력을 근육이나 내장에 집중시키면 에너지가 발생해 통증이나 긴장이 사라진다. 이렇게 몸이 치유되는 것을 깨달은 나는 몸을 치유하는 것에 새로이 집착하기 시작했다.

나는 유체 이탈 같은 체험을 통해, 의식을 머리 위에 띄운 채 먼 곳으로 보낸 상태에서 소리를 듣는다거나 사물을 응시하고는 했다. 그러면 마치 스스로 초인이라도 된 듯한 기분이 들어 당시의 느낌에 흠뻑 빠져들게 된다. 하지만 정신을 차리고 보면 또다시 '만'에 휘말려 농락당하고 있는 나를 발견한다. 내가 대단한 존재라는 생각에 휩싸이는 것이다.

선정의 상태에 빠지면 굉장히 기분이 좋아진다. 하지만 삼매에서 깨어나면 오히려 스트레스가 된다. 그리고 '좀 전에는 기분이 좋았는데……'라고 생각하며 이전의 상태에 집착하기 시작한다. 하지만 다시 시도하다 보니 '삼매의 선정 상태에서는 마음이 진정되었지만, 명상을 하지 않을 때에는 답답하다'는 문제가 있다는 것을 알게 되었다.

예전에 어머니가 기르는 개가 있었다. 어느 날 나는 그 개가 짖는 소리에 "아, 너무 시끄럽다. 멍멍 짖기만 하는 시끄러운 동물이군. 이렇게 시끄러우면 수행에 방해가 되는데"라며 짜증을 내는 나를 발견할 수 있었다.

그때 부모님이 3개월 정도 여행을 떠났었는데 나는 빈집에서 혼자 수행을 하며 어머니가 기르던 세 마리의 작은 개들을 보살피고 있었다. 언제나 자신들을 사랑해주던 주인이 장기간 집을 비운 탓에 외로웠는지 세 마리 모두 평소보다 많이 짖어대며 애교를 부렸다.

개들이 짖는 소리나 하는 행동을 보고 있자니 괜히 마음이 불안해졌다. 이상하게 마음이 오만해지고, "선정을 체험하고 힘을 길러 성장하고 싶었는데, 개 주제에 수행을 방해하다니" 하고 투덜대는 등 예민해지고 공격적인 성향만 강해지는 것 같았다.

# 나와의
# 조우

어머니가 기르던 개들의 울음소리가 왜 신경에 거슬리는지 이유를 생각해보았다. 이웃집 개가 우는 것은 그다지 신경이 쓰이지 않았다. 신경을 거슬리게 하는 것은 어머니가 가장 예뻐하던 개의 울음소리였다. 그 개의 울음소리가 특히 시끄러워 짜증이 나기에 그 감정을 면밀히 분석해보니, 거기에는 어머니에 대한 개의 애정과 연관이 있다는 것을 알 수 있었다.

나는 어릴 때부터 어머니의 사랑에 부족함을 느끼고는 했었다. 그 연장선상인지 그 즈음에 나와 어머니는 만나기만 하면 다투기 일쑤였기 때문에 개를 질투하고 있었다.

내가 그동안 마음속 깊이 숨기고 있던 분노의 배경에는 그런 번뇌가 굳건히 자리 잡고 있었던 것이다. 동시에 사람들에게 사랑받고, 인정받고 싶다는 감정이 나로 하여금 개를 질투하게 만들었다는 것을 알고 몹시 큰 충격을 받았다.

이와 더불어 정말 인정하기 싫은 사실도 한 가지 더 깨달을 수 있었다. 부모님이 없어서 외로워 울부짖는 개들의 필사적인 모습이 어린 시절, 부모님의 시선을 독점하려고 울부짖던 나의 모습과 같았던 것이다. 개를 혐오하게 된 원인을 찾던 나는 어릴 적 외롭고 가슴 먹먹하게 했던 감정들이 다시금 생생히 되살아나는 것을 느끼고 고민의 원인을 알 수 있었다.

그리고 개들의 갈애를 보며 무의식중에 되살아난 기억, 비슷한 갈애로 고통을 받았던 과거의 기억이 나도 모르는 사이에 나를 다시 괴롭히고 있었다. 하지만 이를 깨닫기 전까지는 내가 왜 괴로워하는지 알 수 없었기 때문에 개가 시끄럽게 짖어서 짜증난다는 납득하기 쉬운 이유로 화를 냈던 것이다. 개가 시끄러워서 방해가 된다는 이유뿐이었다면 비참한 과거를 떠올리지 않고, 그냥 개에게 화풀이를 하면 되었을 터였다.

나는 여기서 명백히 깨달을 수 있었다. 사람은 타인이 가지고 있는 부정적인 요소와 유사한 요소를 자신에게서 발견하면 마음속 깊이 숨겨두려는 성향이 있다. 하지만 어떤 특정인을 만나 깊숙이 감춰둔 그 부정적 요소를 떠올리게 될 경우, 괴로워하며 상대를 혐오하고는 한다.

만약 A를 보며 불안함을 느낀다면, 그 이유는 자신이 A와 비슷하거나 같은 요소를 마음속에 숨기고 있기 때문이다. 그래서 거기에서 벗어나기 위해 오히려 A를 향해 공격성을 드러낼 수도 있다.

나는 그것을 깨닫고 내가 아직도 소심하고 나약한 존재라는 것을 다시 한 번 느꼈다. 그리고 개도 나처럼 외로워하고 사랑받고 싶어한다는 것을 안 뒤, 객관적으로 자신의 모습을 인지할 수 있었다. 더불어 외로움과 괴로움의 원인이 이렇게 평범한 이유 때문이라는 것을 깨닫고 나의 나약함을 중립적으로 받아들이는 것도 가능해졌다.

그때까지는 나약한 나 자신 때문에 열등감을 느꼈고, 그래서인지 내가 특별한 존재라고 생각하지 않으면 좀이 쑤셨다. 무력한 자신을 숨기고 부정하며 그것을 인정하려 하지 않았다. 하지만 나약함을 자연스럽게 받아들이자, 긴 인생의 짐을 내려놓은 듯한 편안함이 찾아왔다. 힘없는 아이에 불과했던 나 자신의 내면을 이제 진정으로 끌어안을 수 있게 된 것이다.

이때의 기분은 마치 지하의 어두운 감옥에 갇힌 채 울고 있다가 풀려나 오랜만에 땅을 밟고 햇살을 본 기분이었다.

동시에 어머니를 향해 응어리졌던 감정이 한꺼번에 풀리더니, 더 이상 개들에게도 짜증을 내지 않게 되었다. 그리고 자연스럽게 개들을 귀여워하게 되었다. 겉으로는 부모님에게 반항하고 있었지만, 실은 내가 부모님에게 집착하고 어리광을 부렸던 것뿐이라는 것을 이 일을 계기로 깨달은 것이다.

이렇듯 부모에 대한 집착이 사라지고 나니 '가족'이라는 존재를 마음 편히 바라볼 수 있게 되었다. 손에 잡고 집착하던 것을 내려놓자 그동안 알지 못했던 많은 것들이 그제야 비로소 내 손으로 들어왔다.

이 사건을 통해 나의 문제가 아직 완전히 극복되지 않았다는 것을 알 수 있었다. 그뿐 아니라 집중만 하는 명상은 단지 내면을 응시할 때 필요한 도구일 뿐이라는 것도 알았다. 집중은 기분을 좋게 만들기 위해 하는 것이 아니라, 집중을 통해 그동안 보기 싫었던 스스로의 현실과 담담히 대면하고자 하는 것이다.

이를 깨달은 뒤 수행 방법도 새롭게 달리 하기 시작했다.

이후 나는 애정에 집착하고, 사람들을 비난하고, 상처를 주고, 괴상한 장난을 치며 사람들을 곤란하게 했던 지금까지의 나 자신을 되돌아보면서 참신한 깨달음을 얻어갔다.

이렇게 나 자신을 성찰하는 수행 방법을 택하자 어느 순간부터인가 옛날 일이 선명하게 떠오르거나, 또는 그것에 관한 꿈을 꾸게 되었다. 명상에 집중하면서 내 잠재의식 속에 있던 정보가 더 뚜렷하게 두각을 드러낸 것이다.

그리고 내가 사랑을 받지 못했거나 불량배에게 괴롭힘을 당한 일 등, 마음속에 숨겨진 기억들이 선명하고 생생하게 되살아나면서 내가 얼마나 그 일들에 집착하고 신경을 쓰고 있었는지 그제야 분명히 직시할 수 있었다.

# 새로 태어난 날

계절이 바뀌고 봄이 왔다. 연못을 가로지른 다리를 건너다 명상에 잠겼는데 순간적으로 몰입이 깊게 되는 듯했다. 그래서 그냥 다리 위에서 명상을 하기로 했다.

이 명상을 계기로 뭔가 큰 변화가 일어날 것 같다는 예감이 스쳐 눈을 감고 명상을 시작했다. 그런데 갑자기 내 왼편에 걸려 있는 다리의 기둥이 눈에 들어왔다. 그러자 '이 기둥이 가운데에 있으면 균형이 잘 맞을 텐데'라고 생각했다. 왼쪽에 있어서 명상에 방해가 될 것 같았기 때문이었다.

나는 오늘 큰 변화가 일어날 것 같다는 예감을 하면서도, 어느새 하찮은 기둥의 위치에 신경을 쓰고 있었다. 그리고 나도 모르게 기둥에 신경을 쓰는 나 자신을 스스로 탓하고 있는 것을 느꼈다. 수행하는 도중에도 이런 쓸데없는 일에 신경이 쓰이다니 한심하다는 생각이 들었다.

그러자 갑자기 분노가 치밀어올랐다. 이 일은 나의 의식과는 전혀 상관없이 순간적으로 일어났다. 이런 흐름에서 '나'란 인간은 완전히 소외되어 있었다.

그렇게 기둥 때문에 발생한 작은 분노를 가라앉히고 침착하게 살펴보니 자연스럽게 사고의 흐름이 보이기 시작했다. 온갖 정보들이 입력되고 처리되며 자극이 발생하는 과정에서 사고와 충동이 생긴다는 것이 천천히 세세하게 느껴졌다.

그리고 나의 어리광과 내 마음대로 되지 않으면 참지 못하는 감정들이 떠오르며, 그런 감정들을 만들어낸 과거의 사건들, 그리고 내가 왜 그런 감정을 품게 되었는지 등 당시의 기억들이 덩어리가 되어 주마등처럼 한꺼번에 스쳐 지나갔다.

인간은 죽기 전에 과거의 기억이 스쳐간다고 하지만, 사실 극도의 집중 상태에서도 이런 일이 일어날 수 있다. 눈앞에는 예전에 좋아했던 과자나 장난감, 그리고 지금까지 사귀었던 여자들의 얼굴이 나타났다가 사라졌다.

흥미로운 건 주마등처럼 스치는 것에 마음을 빼앗겨 평정심을 잃으면 이 현상이 바로 멈춰버린다는 것이다. 하지만 마음을 빼앗겼다는 것을 일찍 눈치채면, 다시 평정심이 생겨 눈앞의 기억들이 다시 속도를 내며 흘러간다.

잠시 동안 어린 시절에 좋아했던 것들이 모두 지나가더니, 이번에는 나의 성적 기호와 관련된 기억들이 흘러갔다. 여기서도 순간적으로 마음을 빼앗기면 정지하다가 평정심을 다시 찾고 바라보면 다시 속도를 높여 스쳐갔다.

이것들이 눈앞에 펼쳐지는 동안, 어린 시절 부주의로 재래식 화장실에 빠졌을 때의 기억이 떠올랐다. 내 실수로 떨어진 것을 부모님에게 버림받았다고, 내가 필요하지 않으니 살해당할지도 모른다고 생각하며 마음이 찢어지던 기억이 선명하게 보이다가 사라졌다.

처음 유치원에 가서 엉엉 울었을 때, 친구와 가까워지지 못했을 때의 슬픈 감정도 계속해서 눈앞을 스쳐 지나갔다.

처음에는 당황스러웠다. 하지만 이내 호흡을 조절하며 각각의 감정을 '욕망', '집착', '분노'로 분류하면서 바라보았다. 그러자 '아, 나는 항상 이렇게 사랑받고 싶었구나. 언제나 만족하지 못하고 부족함만을 느끼며 인생을 살아왔구나'라는 것을 엄청난 속도로 실감하게 되었다.

이렇게 기억들이 스쳐 지나감과 동시에 갈애는 점점 사라졌고, 나는 금세 마음이 편안해지는 것을 느낄 수 있었다.

# 고독과의 화해

어차피 인생이란 그런 것이다. 살아가는 것에 집착하고, 훌륭해지고 싶고, 사랑받고 싶고, 자신을 과시하고 싶은 것. 결국 그것을 위한 고통의 반복일 뿐이다. 이것에서 자유롭지 않는 한 사람은 항상 마음이 찢어지는 고통을 느끼며 살아갈 수밖에 없다.

살아간다는 것이 단지 고통을 쌓아가는 과정이었다는 것을 깨달은 순간, 나는 내 인생이 무의미했다는 것을 진심으로 통감했다. 그리고 내가 계속해서 갈구하던 것들이 산산이 부서지며 욕망에 좌지우지되던 자아 또한 한순간에 와르르 무너져버렸다. 그러자 지금까지 느껴왔던 외로움과 불안함이라는 안개가 한 번에 걷히며 눈앞이 환해졌다.

고통이란 '아'의 착각으로 인해 생기는 것.

내가 지금까지 해온 일은 그저 단순한 자극의 입력과 그에 따른 조건 반사적인 행동이었다.

이렇게 나는 자동적인 흐름에 항상 지배를 받아왔다. 그런 것을 나는 내 의지로 행하고 있다며 착각을 했다. 하지만 지금은 본질을 깨달았고, 이와 동시에 지금까지 집착해오던 일들이 아무런 의미가 없는 일이라는 것을 알게 되었다.

고통은 '아'를 착각하는 까닭에 생기는 것이다. 나는 이를 깨달으며 큰 짐을 내려놓은 듯 홀가분함을 느낄 수 있었다.

나는 태어나서 29년 동안 고독감과 외로움은 누군가 나에게 애정을 주지 않았기 때문이라고 계속 생각해왔다. 하지만 애초부터 '마음'이라는 것은 고독한 것이다. '내'가 고독한 것이 아니라 실은 모든 '마음'이, 모든 '살아있는 것들'이, 모든 '인간'이 고독했다.

이렇게 고독을 당연한 것으로 받아들임으로써, 29년 동안 앓아왔던 외로움이라는 병은 깨끗하게 치유되었다.

좌선을 끝내고 눈을 떠보니 이미 반나절이나 훌쩍 지나있었다. 주위는 완전히 어두워져 달빛이 나를 비추고 있었다.

주변에 있던 새, 그리고 노트 위를 기어가는 도마뱀도 모두 고독하다는 것을 깨달았다. 그러자 그 어느 때보다 따뜻한 마음으로 자연스럽게 그들을 향해 마음을 열 수 있었다. 어린 시절부터 나를 괴롭히던 응어리들이 사라지면서 지금까지 굳어있던 관절이 풀리고, 몸이 한결 편안해졌다. 말 그대로 몸이 가벼워지면서 몸의 움직임을 생생히 느끼며 걸을 수 있게 되었다.

그때 나는 거듭남을 실감할 수 있었다. 이렇게 다시 태어난 내가, 더 이상 감정의 노예가 되는 일은 없을 것이라는 생각이 들었다.

원래는 몇 년을 더 수행할 생각이었지만 이를 계기로 새로운 마음을 먹고 생활을 재개하기로 결심했다. 다만 아쉬웠던 점은 다시 태어났기 때문에 수행을 일단락하기로 생각했던 것이다.

'아'에서 벗어나 흘러가는 대로 나를 맡기고 자유롭게 생활하며 그 생활에 만족을 느끼자 다시 집착하는 마음이 생겼다.

다시 태어났기 때문에 한 번도 느끼지 못했던 만족을 현재의 생활을 통해 느끼게 된 것이다.

게다가 하필이면 그 무렵, 내가 고민이 많던 시절에 쓴 글들이 완성되면서 나의 첫 저서인 『침묵 입문』이 세상의 빛을 보았다.

그리고 이것이 큰 반향을 일으키며 또다시 나는 급격한 변화를 겪었다. 나는 많은 사람에게 칭찬을 받으며 기뻐했고, 그 기쁘다는 감정 자체가 다시 한 번 '만'을 만들어내면서, 조금씩 잘못된 방향으로 나아가고 있었다.

이전의 명상에서 나는 내 자아가 완전히 무너졌다고 생각했다. 그런데 사실은 아직 완전히 무너진 것이 아니라, 그 토대의 일부가 허물어진 것에 불과했다. 때문에 지금까지 이어오던 패턴의 일부는 파괴되었지만 일부는 여전히 남아 있었다.

이전에 비해 사랑을 받고 싶다고 생각하는 횟수가 압도적으로 줄기는 했다. 하지만 기회가 될 때면 다시 그런 마음이 종종 고개를 들었다.

처음에는 그런 생각이 떠오르면 의식적으로 명상을 하며 흘려보냈기에 '앞으로도 그렇게 하면 괜찮겠지' 하고 생각했다.

하지만 방심하는 순간 '만'이 다시 내 마음을 뒤흔들었다. '만'은 정말로 강력한 적이었다.

그런 생각들이 떠오르는 것을 통제한다는 것은 매우 어려운 일이지만 일단 파악할 수는 있다. 그리고 동시에 고통에서 자유로워진다는 것은 사실상 불가능하다는 것을 알게 되었다.

고통과 좌절로 얼룩진 과거의 나와 좌선 명상을 통해 다시 태어난 나.

큰 변화를 겪어온 나의 체험담은 여기서 끝내려고 한다.

나처럼 깊이 번뇌하고 카르마에 농락당하던 인간이 다시 일어선 것을 보며 사람들은 누구라도 마음만 먹으면 변할 수 있다고 생각할 것이다.

지금의 나는 한 사람의 인간으로서 이전보다 훨씬 평온한 생활을 즐기고 있으며, 이제 겨우 사람다운 인간관계를 쌓아갈 수 있게 되었다. 이는 내가 지금까지 경험할 수 없었던 신선한 모험과도 같다. 물론 과거의 저주가 간단하게 갑자기 사라질 수는 없을 것이다. 사람들과 긴밀하게 관계를 맺다 보면, 과거의 상처나 외로움은 다시 되살아나기도 할 테니까.

그렇기 때문에 과거의 아픈 상처에 눌려 다시 어둠의 나락으로 떨어지지 않으려고 지금도 수행을 계속하고 있다. 동시에 많은 사람에게 좌선을 알리는 활동도 계속 이어나가려고 한다.

• 끝내며 •

실격.

 이제까지 나의 '실격'의 역사를 되짚어보니 비록 지금 '스님 실격'이라 해도 괜찮다는 후련한 기분이 든다.

 나는 외로워서 죽을 것만 같았고, 내가 위기에 처해 있는지조차 모르고 살아왔다. 그런 내가 다시 살아갈 수 있도록 해준 것이 바로 고대 불교에서 유래한 명상법이었다.

 고통, 즉 외로움을 떨쳐버리고 그것을 완화시키는 약으로 쓸 수 있다면 나는 그 방법을 사용할 것이다. 그리고 물론 다른 사람들에게도 퍼뜨릴 것이다. 하지만 그 방법 자체가 반드시 불교라는 틀에 얽매일 필요는 없다. 내가 스스로를 불교 신자라고 칭하지만 사실 굳이 그렇게 말할 필요도 없다.

그저 자기 자신을 성찰하고 변화시키는 도구로 그 방법을 사용하고 싶다면 마음대로 사용하라고 말하고 싶다.

힘들어하던 나의 마음이 '부모님→친구→다자이 오사무→정치→서양 철학→옷→불륜과 서양 철학'에 이르기까지 많은 것을 탐닉하던 중 방황 속에서 겨우 갈애의 무한 연쇄를 완화시켜주는 좋은 방법을 찾아냈다.

지금은 이것이 가장 도움이 되는 방법이라고 생각하기에 가능한 한 열심히 사용하려고 한다. 다른 방법을 더 이상 찾아내기는 힘들 것 같지만, 혹시라도 더 유용한 방법을 찾는다면 나는 언제라도 그것을 사용할 계획이다. 이런 융통성과 유연함이야말로 불교 본래의 가르침이 아닐까 싶다.

그런 측면에서 볼 때 불교나 절, 혹은 승려라는 단어를 굳이 사용할 필요는 없다. 하지만 제목만큼은 스님 실격이라고 해도 좋지 않을까 하고 생각한다.

도쿄 쓰키요미 사에서,

코이케 류노스케.

KI신서 3892

# 나를 버리는 연습

**1판 1쇄 인쇄** 2012년 11월 8일
**1판 2쇄 발행** 2012년 11월 30일

**지은이** 코이케 류노스케 **옮긴이** 양영철
**펴낸이** 김영곤 **펴낸곳** (주)북이십일 21세기북스
**부사장** 임병주
**출판사업부문 총괄본부장** 주명석
**해외기획팀** 정영주 조민정 **편집팀장** 박상문 **책임편집** 윤홍 **디자인** 윤정아
**마케팅영업본부장** 최창규 **마케팅** 김현섭 최혜령 김다영 이은혜 강서영 **영업** 이경희 정병철 정경원
**출판등록** 2000년 5월 6일 제10-1965호
**주소** (우413-120) 경기도 파주시 회동길 201(문발동)
**대표전화** 031-955-2100 **팩스** 031-955-2151 **이메일** book21@book21.co.kr
**홈페이지** www.book21.com **트위터** @21cbook **블로그** b.book21.com

ISBN 978-89-509-3648-8 13320
책값은 뒤표지에 있습니다.

이 책 내용의 일부 또는 전부를 재사용하려면 반드시 (주)북이십일의 동의를 얻어야 합니다.
잘못 만들어진 책은 구입하신 서점에서 교환해 드립니다.